Wolfgang Wegert
Andreas Mertin

Liebe, eine Flamme Gottes

Ehe und Familie aus Gottes Sicht

arche-medien

Bibliografische Information Der Deutschen Bibliothek

Die Deutsche Bibliothek verzeichnet diese Publikation in der Deutschen Nationalbibliografie; detaillierte bibliografische Daten sind im Internet über http://dnb.ddb.de abrufbar.

Die Bibelstellen sind, wenn nicht anders angegeben, der Lutherübersetzung von 1984 entnommen. „Elb" kennzeichnet die Revidierte Elberfelder Übersetzung, „LÜ 1912" die Lutherübersetzung von 1912, „Sch" die Schlachterübersetzung von 1951, „Sch2000" die Schlachterübersetzung von 2000 und „Ein" die Einheitsübersetzung.

© 2009 arche-medien Hamburg
1. Auflage
Satz: Titus Vogt, Hamburg
Umschlag: BoD Verlagsservice, Hamburg
Druck: ARKA, Cieszyn (Polen)
ISBN: 978-3-934936-21-8
Covermotiv: © Yuri Arcurs – Fotolia.com

arche-medien
– Verlag des Gemeinde und Missionswerkes ARCHE –
– Evangelisch-Reformierte Freikirche –
Doerriesweg 7
22525 Hamburg
☏ (0 40) 54 70 50
🖷 (0 40) 54 70 52 99
www.arche-medien.de
info@arche-medien.de

Inhaltsverzeichnis

Vorwort **5**

Der Kampf mit der Lust.. **7**
Das Problem: Der alte Mensch...8
Der Weg des Evangeliums 11

Liebe oder Triebe.. **15**
Was Liebe wirklich ist..15
Der Segen der Selbstbeherrschung..19

Sexualität, wie die Bibel sie sieht **22**
Ist Sexualität Sünde?..22
Das christliche Elternhaus und Sexualität 24
Sündhaftes Begehren 28

Heiratet, wen ihr wollt... **30**
Führung durch den Heiligen Geist..30
Weitere wichtige Kriterien 35

Der wahre Zweck der Ehe.. **39**
Das Geheimnis – Christus und die Gemeinde..............................40
Die Verantwortung des Mannes 42

Verlobung – Treueversprechen oder Tradition? **47**
Auch die Verlobung ist ein Gleichnis...47
Eheschließung in der Bibel..49
Schlussfolgerungen daraus 51

Liebe – so stark wie der Tod **55**
Die Liebe hört niemals auf..56
Die Liebe spricht nicht von Scheidung..58

Die Liebe – eine Flamme des Herrn **62**
Sie ist eine Bundesliebe...63
Sie ist eine Flamme des Herrn...64

Der Segen, Single zu sein **68**
Die Ehe – nicht das wahre Ziel des Lebens.................................68
Jeder Stand ist Gnaden-Stand..70
Vertraue Gottes Wegen..73

Des Mannes Hilfe **77**
Der Hilflosigkeit des Mannes begegnen......................................77
Hilfe zur Rollenfindung...79
Hilfe – auch wenn der Mann kein Vorbild ist 83

Mann und Frau – Ebenbild Gottes 88
   Mann und Frau spiegeln die innergöttliche Gemeinschaft wider 88
   Mann und Frau spiegeln die innergöttliche Gleichwertigkeit wider....89
   Mann und Frau spiegeln die innergöttliche Verschiedenheit wider.....91

Meine Verantwortung als Mann 93
   Die Konsequenz daraus 94
   Das Vorbild des Mannes 96

Buchempfehlungen 99

Vorwort

„Die Ehe gilt nicht in erster Linie dir, deinem Partner oder euch beiden, sondern sie ist zuerst für Gott da", rief der Referent in die christliche Versammlung eines Ehepaarabends. Er ahnte nicht, wie empört einige seiner Zuhörer wegen dieser Aussage waren. Sie seien doch gekommen, um etwas Praktisches für ihre Ehe zu hören und nicht solche abstrakt theologischen Lehrsätze. Ähnlich verärgert äußerte sich eine TV-Zuschauerin, weil ich in einer Sendung Mann und Frau mit Christus und seiner Gemeinde verglichen hatte. Aber genau das hat doch Paulus getan und schrieb: *„Dies Geheimnis [der Ehe] ist groß; ich deute es aber auf Christus und die Gemeinde" (Epheser 5,32)*. Also doch! Die Ehe ist zuerst für Gott da. Sie soll zur Verherrlichung Christi und Seiner Gemeinde gelebt werden.

Gut, aber irgendwie muss die Ehe doch auch für die Ehepartner selbst da sein, oder? Die biblische Antwort ist ganz einfach. Wenn beispielsweise der Mann seine Rolle in der Ehe zuerst darin sieht, Christus zu verherrlichen, profitiert seine Frau ganz praktisch davon. Denn wenn er Jesus gefallen möchte, dann hat er den dringenden Wunsch, seine Frau so zu lieben, wie Christus Seine Gemeinde. Das heißt, durch die Ausrichtung seines Herzens auf Jesus wird er so verändert, dass das seiner Frau täglich zugutekommt.

Anders ausgedrückt: So wie dein Herz mit Gott steht, so steht es auch mit deinem Partner. So wie dein Verhältnis zum Herrn ist, so ist auch dein Verhältnis zu den Deinen. Deine Anbetung Gottes bestimmt, wie du andere behandelst. Deshalb geht es in der vorliegenden Betrachtungsreihe auch nicht als erstes um die Frage, wie es mit der Beziehung zu deinem Partner steht, sondern wie es mit deiner Beziehung zu Gott steht. Wenn ihr möchtet, dass eure Ehe nicht als erstes auf euch selbst, sondern auf Gott und Seine Ehre bezogen sein soll, dann wird dieses Buch einen überraschend großen Nutzen in eurem täglichen Leben haben. Das wünsche ich allen Lesern.

Die Texte des vorliegenden Buches basieren auf der aktuellen Predigtreihe „Freundschaft, Verlobung, Ehe und Familie" unserer „Fernsehkanzel", die wir in Interviewform gestaltet haben. Diese ist jetzt auch im Buch beibehalten worden. Um den Charakter nicht zu stark zu verändern, haben wir auch die Anrede („du", „Ihr", „Sie") nach dem gesprochenen Original beibehalten.

Die letzten beiden Kapitel dieses Buches sind nicht Teil der aktuellen Predigreihe (und deshalb auch nicht im Interviewstil). Da sie aber thematisch hierhergehören, haben wir uns entschieden, sie mit in dieses Buch hineinzunehmen.

Wolfgang Wegert

Hamburg, im Februar 2009

Der Kampf mit der Lust

Pastor Mertin:

Wir beginnen jetzt mit einer neuen Themenreihe. Wir möchten uns mit dem wichtigen Thema „Freundschaft, Verlobung, Ehe und Familie" beschäftigen.

Pastor Wegert, hat uns die Bibel auch etwas zu diesem Thema zu sagen, oder sollten wir nicht besser einen Beziehungstherapeuten oder Eheberater dazu befragen?

Pastor Wegert:

Das könnte auch eine Möglichkeit sein. Aber es gibt bezüglich der Fragen von Ehe und Familie auch bei Christen häufig Verwirrung und Unsicherheit. Deshalb ist die beste Hilfe immer die Bibel. Sie klammert keinen Bereich unseres Lebens aus – und so auch nicht das Verhältnis von Mann und Frau. Sie beide sind von Gott her dazu bestimmt, tiefstes Lebensglück miteinander zu erfahren. Aber weil die Sünde auch in ihre Beziehung eingebrochen ist, gibt es heute so viel Kummer und Zerrüttung. Deshalb sprechen wir in dieser Reihe als erstes über das Thema „Der Kampf mit der Lust". Andy, lies doch bitte einmal den Ausgangsvers zu diesem Thema.

Pastor Mertin:

Gerne. *„Ich sage aber: Wandelt im Geist, so werdet ihr die Lust des Fleisches nicht vollbringen. Denn das Fleisch gelüstet gegen den Geist und der Geist gegen das Fleisch; und diese widerstreben einander, sodass ihr nicht das tut, was ihr wollt"* *(Galater 5,16-17; Sch2000).*

Wenn man das liest, weiß man, dass man viel Gnade braucht.

Pastor Wegert:

Das ist genau richtig. Deshalb beginnt und beendet der Apostel Paulus seine Briefe fast immer mit den Worten: *„Gnade sei mit euch!"* Und das tut er auch in seinem Brief an die Galater, aus dem unser soeben gelesenes Wort stammt. Damit ist die Hauptbotschaft des Paulus klar: Ohne Gnade geht gar nichts! Das gilt besonders auch für unser Thema. Deshalb ist unser Gebet: „Gott, sei uns allen gnädig!"

Pastor Mertin:

Wir möchten mit unseren Fernsehsendungen selbstverständlich Menschen ansprechen, die vielleicht noch gar keine Christen sind, die sich aber nach der Hilfe Gottes sehnen. Wir laden Sie herzlich ein, sich für das Evangelium zu öffnen und Jesus Christus in Ihr Herz und Leben aufzunehmen. Buße und Bekehrung ist nämlich die biblische Grundlage für eine segensreiche Partnerschaft.

Pastor Wegert:

Allerdings gehen wir davon aus, dass viele unserer Zuschauer Christen sind. Wir sprechen im Wesentlichen also auch zu Menschen, die den Geist Christi haben und die durch das Wort Gottes gelehrt sind. Darum muss ich nicht Überredungskünste aufbringen und versuchen, Sie zu den Überzeugungen der Heiligen Schrift zu zwingen. Nein, Sie lieben den Herrn Jesus, und darum lieben Sie auch Sein Gebot aus der Tiefe Ihrer Herzen. Es liegt tief in Ihnen selbst ein heißes Verlangen, in Sachen Liebe und Sexualität die Wege Gottes zu gehen. Deshalb muss ich Ihnen das auch nicht überstülpen. Nein, der Herr selbst hat das gute Werk schon in Ihnen angefangen, und Er wird es auch vollenden, wie Philipper 1,6 sagt.

Das Problem: Der alte Mensch

Allerdings haben wir ein ganz großes Problem, und das bezeichnet die Bibel mit dem Ausdruck „unser alter Mensch" oder auch mit „Fleisch". So haben wir gerade gelesen: *„Das Fleisch gelüstet wider den Geist ... sodass ihr nicht tut, was ihr wollt"* *(Galater 5,17; Sch2000).*

Damit will die Bibel sagen, dass es in uns negative Kräfte gibt, die wir aus uns heraus nicht überwinden können. Es ist die böse Lust, die uns an jeder Ecke nötigt.

Sie wirkt – lassen Sie mich das ruhig einmal bildhaft so sagen – wie ein defekter Einkaufswagen im Supermarkt. Er läuft nicht gerade, wie wir wollen, sondern er hat Schlagseite nach links oder nach rechts. Du musst immer gewaltig gegensteuern, sonst reißt er dir die Waren aus dem Regal. Genauso ergeht es uns mit den vielschichtigen Versuchungen in Sachen Sexualität.

Wir leben inmitten einer Lustgesellschaft, in der sich jeder selbst der Nächste ist. Alles, was Spaß macht, ist erlaubt. Und da auch unser alter Mensch begierdeorientiert ist, bekommen wir oft Schlagseite. Die Lust ist auch in uns als Christen, und sie hat eine eigentümliche Schwerkraft. Wir wollen unsere Gedanken und Sinne rein halten, aber wir ecken überall an.

Und so führen viele aufrichtige Gläubige einen ehrenwerten Kampf mit dem „Einkaufswagen" ihres alten Menschen und versuchen, mit ihren sündhaften Neigungen nirgendwo Schaden anzurichten. Mit eiserner Disziplin bemühen sie sich, den Versuchungen der Augenlust, der Pornografie und der außerehelichen Sexualität entgegenzuwirken. Aber ihr Wagen eiert und drückt ständig in die falsche Richtung, und bei manch einem lieben Christen ist schon manches kaputtgegangen.

Andy, wie gehen Menschen im Allgemeinen mit diesem Problem um? Was tun sie, um es zu lösen?

Pastor Mertin:

Viele Leute empfehlen, sich der Lust einfach hinzugeben. Sie meinen, wenn man die Begierde genug ausgekostet habe, würde man irgendwann einmal erfüllt sein. Aber das ist eine Behauptung wider besseren Wissens. Denn jeder weiß, dass die Begierde wie Rauschgift wirkt. Hat sie gerade ein Objekt erobert, will sie schon das nächste. Der Zustand der Erfüllung und Zufriedenheit stellt sich nie ein.

Du kannst dir Unmengen von Pornovideos reinziehen, und hinterher bist du hungriger als zuvor. Du kannst deine böse Lust nicht dadurch stillen, dass du dich ihr ausreichend hingibst. Denn sie ist nie zufrieden, sie will immer noch mehr und zieht dich in einen endlosen Kreislauf hinein, den du nicht mehr durchbrechen kannst. Die Sünde auszukosten, in der Hoffnung, dass man von ihr satt wird, ist der größte Selbstbetrug der Menschheit. Das ist also absolut keine Lösung, mit der bösen Lust des alten Menschen fertigzuwerden.

Pastor Wegert:

Einen anderen Vorschlag machen religiöse Gesetzeslehrer. Ihre Parole lautet: „Wenn du versucht wirst, dann begegne der Versuchung mit eiserner Disziplin und Willenskraft. Strenge dich an und gib dir Mühe!"

Ich las von einer Gruppe christlicher junger Männer, die sich gegenseitig ihr Versagen in Sachen sexueller Reinheit bekannten. Um sich gegenseitig zu helfen, vereinbarten sie einen verbindlichen Verhaltenskodex miteinander, den sie sogar mit ihrer Unterschrift besiegelten. Dieser Kodex beinhaltete in etwa folgende Punkte: Jeden Tag in der Bibel lesen, jeden Sonntag zum Gottesdienst gehen, jede Woche einen Bibelvers auswendig lernen und jeden Dienstag fasten. Aber auch: Kein Mädchen mehr küssen, keine Pornografie, keine sexuellen Fantasien und auch keine Selbstbefriedigung mehr.

Hat das geklappt? Andy, was meinst du?

Pastor Mertin:

Nein, das kann nicht klappen, das funktioniert nicht.

Pastor Wegert:

Warum eigentlich nicht? Gott hat uns doch auch Gebote gegeben. Die sind doch so etwas wie gute Vorsätze, wenn wir sie halten wollen.

Pastor Mertin:

Gebote und gute Regeln können uns lediglich unsere Übertretungen zeigen und uns erkennen lassen, wo wir gefehlt haben, aber sie können uns nicht helfen. Denn sie sind tot, sie sind nur Buchstabe und haben keine Kraft in sich. Paulus beschreibt deshalb das Wesen der Gebote so: *„Durch das Gesetz kommt Erkenntnis der Sünde" (Römer 3,20).*

Das heißt, es wirkt wie ein Spiegel. Der kann den Schmutz in meinem Gesicht zwar offenbaren, ihn aber nicht abwaschen.

Pastor Wegert:

Und der Spiegel kann mir auch nicht helfen, mich das nächste Mal nicht so dreckig zu machen. Ein Spiegel ist etwas sehr

Gutes, wie auch das Gesetz sehr gut und heilig ist. Es kann mir meine Sünde zeigen, mir aber nicht helfen, sie zu überwinden, meinen „Einkaufswagen" gerade zu schieben, der, wie von einer Schwerkraft gerissen, immer wieder vom Weg abkommen will. Durch Anstrengung, entschlossenes Gegensteuern und eisernes Wollen schaffen wir es nicht, gerade zu laufen. Wir entgleisen immer wieder.

So ist es auch unseren christlichen jungen Männern gegangen. Sie verabschiedeten sich deshalb sehr bald von der Idee, mit Hilfe ihres Verhaltenskodexes ihre sündhaften Neigungen überwinden zu können. Sie haben gemerkt, dass sie mit ihren gut gemeinten Vorsätzen in eine religiöse Sklaverei hineingerieten.

Pastor Mertin:

Diese religiöse Knechtschaft hat gleich zwei gefährliche Seiten: die eine ist Verzweiflung und die andere ist Selbstgerechtigkeit. Der sensible junge Christ zum Beispiel, der sich fest vorgenommen hat, nie wieder in bestimmte sexuelle Sünden hineinzufallen, zerbricht an seinen Schuldgefühlen, weil er immer wieder versagt. Und der andere, sehr oberflächliche Christ verzeichnet Erfolge und erhebt sich latent arrogant über den Schwachen, merkt aber nicht, wie auch sein Herz noch mit böser Lust durchsetzt ist. Werkegerechtigkeit bringt also nichts Gutes hervor. Sie ist vielmehr ein Fluch.

Aber, Pastor Wegert, welchen Weg sollen wir denn nun gehen?

Der Weg des Evangeliums

Pastor Wegert:

Das ist der Weg des Evangeliums. Und der besagt, um noch einmal im Bild vom Einkaufswagen zu bleiben: „Nimm dir einfach einen anderen Einkaufswagen!" Was will ich damit sagen? Stell im Namen Jesu deinen alten Menschen in die Ecke und nimm den neuen Menschen. Die Bibel formuliert es so: *„Legt von euch ab den alten Menschen ..., der sich durch trügerische Begierden zugrunde richtet. ... und zieht den neuen Menschen* *an, der nach Gott geschaffen ist in wahrer Gerechtigkeit und Heiligkeit" (Epheser 4,22+24).*

Dieser neue Mensch ist Christus. Ziehe also nicht nur eine Kleidung aus Stoff an, sondern ziehe auch jeden Morgen ganz bewusst Jesus an. Kleide dich mit Ihm.

Was bedeutet das? Verinnerliche die Tatsache, dass Jesus Christus als Ersatz für dich die Strafe aller deiner Sünden getragen und dass Er gleichzeitig Sein sündloses und gerechtes Leben auf dich übertragen hat. Das heißt, das Fundament, die Basis deines Lebens, ist die Gerechtigkeit, die dir Jesus Christus geschenkt hat. Ob du viel oder wenig gesündigt hast oder noch sündigen wirst, ändert nichts an deinem Status: Durch Jesus Christus bist du aus Gnaden ein für allemal gerecht vor Gott. Diese Kernbotschaft des Evangeliums fasst Paulus mit folgenden Worten zusammen: *„Wir werden ohne Verdienst gerecht aus seiner Gnade durch die Erlösung, die durch Christus Jesus geschehen ist" (Römer 3,24).*

Hören wir: *„ohne Verdienst"*, ohne das Halten von Geboten werden wir gerecht, allein aus Gnade. Das ist der Stand, in dem jeder glaubende Sünder steht!

Ich bitte Sie jetzt, liebe Zuschauer, nicht auf die abwegige, gotteslästerliche Idee zu kommen, dass wir dann ja sündigen könnten, so viel wir wollen, wenn wir durch Christus für immer gerecht gemacht sind. Solche Gedanken können im Ernst nur Gottlose haben. Aber bußfertige Sünder werden Gott loben und preisen und Ihm auf ewig dankbar dafür sein, dass Er ihnen in Jesus eine vollkommene Gerechtigkeit geschenkt hat, die sie nie selbst hätten erbringen können. Die Folge dieser Wahrheit im Herzen von erretteten Sündern ist die tiefe Sehnsucht, diese geschenkte Gerechtigkeit nun auch praktisch zu leben.

Pastor Mertin:

Das nennt die Bibel Heiligung. Sie ist der innere Veränderungsprozess auf den Charakter Jesu Christi hin. Das darf ich auch ganz praktisch erleben und freue mich über die geschenkte Gerechtigkeit Christi. Und das motiviert mich zur täglichen Nachfolge.

Pastor Wegert:

Du gibst mir einen Anstoß, auch persönlich von mir zu sprechen. Am Anfang meines Glaubens hat Gott mich um Christi willen gerecht gemacht – und zwar unabhängig davon, wie viel Gutes oder Schlechtes ich getan hatte oder noch tun werde. Es hat Ihm einfach gefallen, mich in Christus als absolut unschuldig und als vollkommen gerecht anzusehen. Darum heißt die Botschaft in meinem Herzen: „Wolfgang, freue dich, juble und jauchze! Aus einem verlorenen und verdammten Sünder hat Gott aus purer Gnade eine reine und gerechte Seele gemacht, fertig für den Himmel!"

Und was macht diese Botschaft, die ich von Herzen glaube, jetzt aus mir? Sie setzt mich in Bewegung, sie setzt alle Gotteskinder in Bewegung, mit diesem Jesus und Erretter unseres Lebens zu leben, der uns diese unverdiente Barmherzigkeit erwiesen hat. Diesen Heiland will ich sofort in meinem Herzen haben. Dort ganz nah bei mir, ja in mir, soll Er wohnen!

Und was tut Er da? Schläft und schlummert Er in meinem Herzen? Nein! Er ist hellwach, Er arbeitet aus meinem Inneren heraus und verändert mich. Er verringert mein Interesse an der Sünde und an meinen fleischlichen Begierden. Das tut Er nicht, indem Er das Feuer böser Leidenschaft mit Verboten und Drohungen eindämmt. Nein, Jesus bekämpft Feuer mit Feuer. Er entfacht in unserer Seele so mächtige Flammen göttlicher Freude, Heilsfreude, dass wir die Lust an der Sünde langsam, aber sicher verlieren. Der Reiz verschwindet. Die Lust am Herrn macht Sünde richtig langweilig.

Wir sehen also, wie das Evangelium wirkt. Deshalb möchte ich Sie ermutigen: Machen Sie sich täglich neu klar, dass Christus in Ihrem Herzen wohnt und dass von dort aus nachhaltig Ihr Charakter, Ihr ganzes Wesen mitsamt seinen Wünschen und Sehnsüchten verändert wird. Denn die Bibel sagt: *„Der in euch ist, ist größer als der, der in der Welt ist" (1. Johannes 4,4).*

Kämpfen Sie Ihren Kampf also bitte nicht mehr im Fleisch, sondern leben Sie durch den Heiligen Geist. Paulus sagt: *„Lebt im Geist, so werdet ihr die Begierden des Fleisches nicht vollbringen" (Galater 5,16).*

Im Geist leben bedeutet, den ganzen Tag lang Jesus zu vertrauen, dass Er uns verändert und in uns die Kraft zu einem umgewandelten Leben wirkt. Dieser Glaube wird Sie so beflügeln, dass Sie freudig der Heiligung nachjagen und in Ihren Kämpfen gegen die Sinneslust weit überwinden. Das schenke Ihnen der Herr! In Jesu Namen. Amen!

Liebe oder Triebe

Pastor Mertin:

Beim letzten Mal haben wir einiges über das Problem unseres alten Menschen gehört. Erinnern Sie sich an das Beispiel von dem defekten Einkaufswagen im Supermarkt? Er lässt sich nur mit großer Anstrengung steuern. Genauso ist es mit unserem alten, begierdeorientierten Menschen. Trotz größter Anstrengung gelingt es nicht, dauerhaft den sündhaften Neigungen standzuhalten. Wie wir den kaputten Einkaufswagen wegstellen und einen neuen benutzen, brauchen wir ein neues Herz durch Gottes Gnade. Dann sind wir neue Menschen, nach Gott geschaffen in wahrer Gerechtigkeit und Heiligkeit.

Heute wollen wir mit dem Thema „Liebe oder Triebe?" unsere Reihe fortsetzen. Am Beginn soll folgender Text stehen: *„Und um das bete ich, dass eure Liebe noch mehr und mehr überströme in Erkenntnis und allem Urteilsvermögen, damit ihr prüfen könnt, worauf es ankommt, sodass ihr lauter und ohne Anstoß seid bis auf den Tag des Christus"* (Philipper 1,9-10; Sch2000).

Wovon wird unser Leben bestimmt? Ist die Liebe Maßstab unseres Handelns, oder lassen wir uns von unseren Trieben steuern? Pastor Wegert, was sagst du dazu?

Pastor Wegert:

Es ist jetzt nicht so wichtig, was ich dazu sage, sondern wir möchten selbstverständlich Gottes Wort befragen. Was sagt die Bibel dazu? Das ist ja unser gemeinsames Anliegen.

Was Liebe wirklich ist

An diesem Punkt müssen wir zunächst einmal klären, was Liebe wirklich ist und was sie nicht ist.

Die Welt zeigt uns ihr Leben mit wechselnden Partnern, je nachdem, in welche Arme die Leidenschaft der Menschen sie gerade treibt. Diese Art von Sexualität nennt sie „Liebe". Wenn Gott uns lehren will, was Liebe ist, führt Er uns jedoch zum Kreuz, an dem ein blutüberströmter Mann hängt, nämlich Sein geliebter Sohn, und erklärt: „Das ist Liebe!" Warum kam Jesus auf diese Erde? Um uns zu erlösen! Das ist richtig. Aber Er kam auch, um uns zu zeigen, was wahre Liebe ist.

Heute wird sehr viel von der Notwendigkeit der Selbstliebe gesprochen, auch auf christlichen Kanzeln. Davon steht aber kein Sterbenswörtchen in der Bibel. Eine solche Predigt kommt vielmehr durch den Geist der Welt, der in die Gemeinde eindringt und der die Selbstsuche propagiert. Um uns vor der Lüge der Eigenliebe zu schützen, gibt Jesus uns Seine heilende Wahrheit, indem Er sagt: *„Wer mit mir gehen will, der muss sich und seine Wünsche aufgeben. Er muss sein Kreuz auf sich nehmen und mir auf meinem Weg nachfolgen" (Matthäus 16,24; Gute Nachricht 1983).* Luther übersetzt: *„Will mir jemand nachfolgen, der verleugne sich selbst ..."*

Diese Worte zeigen uns, dass wahre Liebe nicht die egoistische Befriedigung unserer eigenen Wünsche bedeutet, sondern dass sie auf das Wohl unserer Mitmenschen gerichtet ist. Wahre Liebe ist selbstlos. Paulus sagt wörtlich: *„Sie"*, die Liebe, *„sucht nicht das Ihre" (1. Korinther 13,5).* An einer anderen Stelle desselben Briefes schreibt der Apostel: *„Niemand suche das Seine, sondern was dem andern dient" (1. Korinther 10,24).*

So ist die Liebe. Sie gibt, sie verzichtet, sie entsagt zur Ehre des Herrn und zugunsten des anderen. Jesus hat gesagt: *„Niemand hat größere Liebe als die, dass er sein Leben lässt für seine Freunde" (Johannes 15,13).* Diesen Worten ließ Jesus auch Taten folgen.

Pastor Mertin:

Nach diesen Aussagen der Bibel und auch nach deinen eigenen Ausführungen ist Liebe also keine spontane Angelegenheit, sondern ein bewusstes, überlegtes Handeln. Aber ist die Liebe nicht doch auch ein Gefühl, von dem man übermannt werden kann, sodass man einmal mit einem Mädchen schlafen möchte?

Pastor Wegert:

Das ist leider die Verwechslung, die heute allgemein üblich ist – nämlich Liebe mit Gefühl gleichzusetzen. Und dabei sind das doch zwei völlig verschiedene Dinge, Andy, wie wir gleich sehen werden.

Jesus zeigte uns, dass echte Liebe nicht auf Gefühlen basiert. Mal ehrlich: Hatte Jesus vom menschlichen Gefühl her wirklich Lust, für uns zu sterben? Ich glaube nicht. Wenn wir die Geschichte von Gethsemane lesen, merken wir, wie sich alle Seine Gefühle dagegen sträubten, geschlagen und gegeißelt zu werden. Gefühlsmäßig hatte Er wirklich keine Lust, ans Kreuz genagelt zu werden und den Tod zu erleiden. Aber folgte Er Seinen Gefühlen? Zum Glück nicht! Denn wirkliche Liebe folgt nicht den Gefühlen. Jesus übergab vielmehr alle diese Seine Gefühle Seinem Vater im Himmel und akzeptierte den Willen Gottes. Darin drückte sich Seine Liebe aus.

Wenn du ein Mädchen wirklich liebst, folgst du nicht deinen Gefühlen und dem, wozu du Lust hast, sondern dann denkst du zuerst an die Ehre Gottes und an das Wohl des Mädchens und nicht an dich selbst.

An dem Beispiel Jesu sehen wir, dass wir Liebe sehr wohl steuern und sie überlegt in rechte Bahnen lenken können. Jesus hatte sich willentlich gegen Seine Gefühle entschieden und wählte selbstbeherrscht, Sein Leben für uns zu opfern.

Wenn du Liebe an deine Gefühle koppelst, wird deine Liebe so sein wie deine Gefühle – nämlich rauf und runter und rein und raus – genauso, wie die ‚Beziehungskisten' von heute so ablaufen. Wie froh können wir sein, dass die Liebe Gottes keine unsichere Laune ist! Nein, sie ist vielmehr zuverlässig, bleibend, unwandelbar. Gott hat Seine Liebe voll unter Kontrolle. Und so können auch wir unsere Gefühlswelt durch Gottes Kraft im Griff haben, weil in uns ein Starker wohnt.

In einem Schlager heißt es: „Die Liebe ist ein seltsames Spiel!" So ist es wirklich. Die Liebe der Welt ist eine seltsame Spielerei. Es kommt immer so über sie, und die Menschen können sich gar nicht wehren. Das erinnert mich an ein tollwütiges Tier, das mit Schaum vor dem Maul herumrast und Menschen beißt und auch nichts dafür kann, dass es das tut. Jemand sagte mal zu mir: „Pastor, es sind meine Hormone!" Meine Antwort:

„Was denn nun? Erst war es Liebe, und nun sind es die Hormone?"

Was will man mit solchen Äußerungen eigentlich sagen? Man will sagen, dass Liebe sich nicht steuern ließe und man für sein Verhalten dem anderen Geschlecht gegenüber auch keine Verantwortung habe. Man sagt nach einem unverantwortlichen Umgang mit einer Frau einfach: „Die hat mich umgehauen!" – und schon fühlt man sich entschuldigt.

Wir müssen als Christen von dem Irrglauben wegkommen, Liebe sei eine seltsame Macht, die uns wie hilflose Blätter im Wind herumwirbelt. Das ist keine Liebe. Die Bibel nennt so etwas *„leidenschaftliche Begierde" (1. Thessalonicher 4,5; Sch2000)*. Wir müssen also unterscheiden zwischen wahrer Liebe und Triebhaftigkeit. Entscheide dich für die Liebe, die Gott gehorcht und die für andere da ist und die Gott schon in dein Herz, in dein wiedergeborenes Herz, hineingelegt hat.

Pastor Mertin:

Das hört sich ja ganz einfach an. Wenn die Triebe sich melden, muss man also einfach den Schalter auf Liebe umstellen?

Doch ganz besonders christliche junge Leute, die noch nicht verheiratet sind, haben hier ihre Kämpfe. Sie sehen überall obszöne Bilder, ihre Sinne werden überreizt, und sie dürfen nichts ausprobieren. Weltliche Jugendliche geben sich ihren Lüsten einfach hin und haben es – wenn man die Folgen davon außer acht lässt – vermeintlich leichter.

Darum bewundere ich gläubige Teenager, auch in unserer Gemeinde. Ich nehme den Hut ab vor ihrer Entschiedenheit und ihrer Reinheit. Das sind die wirklich starken Leute. Denn Gott hat durch Seinen Geist eine enorme Selbstbeherrschung in sie hineingelegt. Luther hat das mit *„Keuschheit"* übersetzt. Die Schlachter-Bibel sagt es so: *„Die Frucht des Geistes aber ist Liebe, Freude, Friede, Geduld, Freundlichkeit, Güte, Treue, Sanftmut, Selbstbeherrschung" (Galater 5,22; Sch2000)*.

Wie ist denn das: Kann man diese Selbstbeherrschung mit einem richtig starken Willen aus sich selbst heraus produzieren? Geht das?

Pastor Wegert:

Nein, das geht nicht. Wir haben das ja beim letzten Thema auch schon ein wenig erklärt. Aber wir wollen es noch einmal vertiefen, Andy: Diese Enthaltsamkeit hat kein Mensch aus sich selbst. Sie hat nichts mit dem verbogenen „Einkaufswagen" zu tun, mit dem man sich dauernd abquälen muss. Sie ist nicht ein sich selbst Zusammenreißen, sondern sie ist eine Frucht des Heiligen Geistes, die wächst, je inniger man mit Jesus lebt.

Der Segen der Selbstbeherrschung

Diese Selbstbeherrschung wird so zu unserer Natur. Dann muss ein junger Mann nicht mehr jedes Mädchen abchecken, ob die oder die etwas für ihn wäre.

Wir freuen uns, dass wir in der ARCHE-Jugend viele Jungen und Mädchen haben. Und Gott will, dass sie zusammen sind und dass sie auch Gemeinschaft miteinander haben. Wir haben in der ARCHE nicht eine Seite nur für Männer und die andere nur für Frauen, auch nicht im Jugendgottesdienst. Wir haben auch keine Verschleierungen für Mädchen. Wir kommen vielmehr zusammen, um Gott zu preisen und Ihn gemeinsam anzubeten, um Sein Wort zu hören, um einander zu helfen, zu segnen, ja, füreinander da zu sein und ein Kreis befreundeter junger Leute zu sein, die gemeinsam Jesus dienen.

Aber wenn das Hauptziel deines Kommens die Mädchen beziehungsweise die Jungs sind, dann läuft etwas nicht richtig. Wenn dein Ziel Anbaggern, Flirten und Poussieren ist, dann gib acht, dass die Begierde nicht mit dir durchgeht. Wenn du diese falsche Priorität mitsamt deiner Jägermentalität nicht an Jesus abgibst, bist du in Gefahr, in die Falle zu laufen.

Einige sagen jetzt in ihrem Innern: „Pastor, das stimmt, ich bin zu weit gegangen!" Höre, ich werde dich jetzt nicht verurteilen – Andy tut das auch nicht –, vielmehr beten wir und bitten dich, im Evangelium deine Zuflucht zu nehmen. Jesus vergibt dir durch Sein teures Blut. Bekehre dich ganz zu Ihm – vielleicht das erste Mal oder auch wieder ganz neu. Der Heilige Geist will in dir so stark sein, dass du kontrolliert und selbstbeherrscht mit dem anderen Geschlecht Umgang haben kannst, dass alles rein und geheiligt bleibt und ihr miteinander große Freude erlebt.

Als Christen sind wir nicht unseren Trieben unterworfen wie die Tiere, sondern wir meistern sie und stehen durch Gottes Geisteskraft über ihnen und können sie im Einklang mit Seinem Willen und Gebot wunderbar steuern. Das gilt auch für bereits fest befreundete oder verlobte Gotteskinder.

Pastor Mertin:

Liebe und Triebe schließen sich also nicht gegenseitig aus. Wie du ja auch gesagt hast, kommt es nur darauf an, in gottgewollter Weise mit den Trieben richtig umzugehen.

Pastor Wegert:

Wahre Liebe kann warten, sündhafte Begierde jedoch kann es nicht. Oft sind voreheliche christliche Beziehungen von Ungeduld geprägt. Aber die Liebe, von der die Bibel schreibt, ist nicht ungeduldig. In 1. Korinther 13,7 können wir das nachlesen. Wenn wir etwas wollen, dann wollen wir es natürlich sofort. Wir wollen nicht warten. Wenn wir in der Schlange stehen, und es geht nicht voran, werden wir zappelig. Unsere Zeit ist von Schnelllebigkeit geprägt. Und auch wir Gotteskinder haben das biblische Prinzip vergessen, dass doch alles seine Zeit hat, wie das Buch der Prediger uns wissen lässt (Prediger 3,1-8).

Wie das Jahr verschiedene Jahreszeiten hat, so hat sie auch unser Leben. Hetze doch nicht so durch! Versuche nicht, die wunderbaren Zeiten deines Lebens zu überspringen! Der Bauer kann den Sommer auch nicht auslassen und gleich nach der Saat die Ernte einfahren. Niemand würde auf die Idee kommen, die Kindheit auszulassen. Sie ist dafür zu schade, dass man sie einfach überspringt.

Ebenso ist es mit der Zeit der Freundschaft und Verlobung. Warum willst du sie überspringen und die Eheschließung vorwegnehmen? Warum willst du dich ständig auf der Überholspur befinden und so durchs Leben rasen? Genieße doch die Zeit, die Gott dir heute gibt. Zu früh gepflücktes Obst schmeckt auch schrecklich sauer. Gott hat wunderbare Pläne für euch, und alle erfüllen sich zu Seiner Zeit.

Pflegt eine geistliche Beziehung und führt euch nicht gegenseitig in Versuchung, indem ihr austestet, wie weit ihr gehen könnt, ohne zu sündigen. Helft euch vielmehr gegenseitig, das Leben im Heiligen Geist zu leben. Betet miteinander, lest die Bibel, freut euch über das Heute, über eure Freundschaft und schmiedet meinetwegen auch Pläne für eure Zukunft. Träumt von eurem künftigen Heim, von euren Kindern, von eurem gemeinsamen Dienst für Jesus und genießt die Vorfreude auf eine ungetrübte eheliche Sexualität! Mit Paulus möchte ich euch sagen: *„Ich bete darum, dass eure Liebe immer noch reicher an Einsicht und Verständnis wird, damit ihr beurteilen könnt, worauf es ankommt. Dann werdet ihr rein und ohne Tadel sein für den Tag Christi" (Philipper 1,9-10; Ein).*

Wenn darin jemand versagt hat, dann bitte Jesus um Verzeihung, dass Er dir vergebe und Kraft zu einem erneuerten Leben schenkt. Er wird es tun!

Andy, wird Er es tun, wenn wir versagt haben?

Pastor Mertin:

Hundertprozentig. Er wird es tun.

Pastor Wegert:

Und wenn unsere Zuschauer versagt haben? Dürfen wir kommen mit unseren Fehlern, unseren Versäumnissen, unseren Übertretungen? Dürfen wir alles zu Gott bringen? Ja, denn Gott ist treu! Er vergibt unsere Übertretungen. Und mit Ihm dürfen wir in eine wunderbare Zukunft gehen. Amen.

Sexualität, wie die Bibel sie sieht

Pastor Mertin:

Das letzte Thema hieß „Liebe und Triebe". Dabei ging es darum, dass wir die falschen Triebe nicht aus eigener Kraft heraus bekämpfen können, sondern dass wir das nur im Glauben an den in uns wohnenden Christus schaffen. Indem wir Ihm vertrauen, verändert Er von innen heraus unseren Charakter und somit auch unsere Wünsche und Sehnsüchte.

Ist Sexualität Sünde?

Das jetzige Thema lautet nun: „Sexualität, wie die Bibel sie sieht". Deshalb gleich die Frage an Pastor Wegert: Darf ein Christ denn überhaupt sexuelle Empfindungen haben? Ist Sexualität an sich nicht schon Sünde?

Pastor Wegert:

Sexuelle Gefühle und erotische Empfindungen sind keine Sünde. Wenn sich beispielsweise ein Junge im Zuge seiner pubertären Entwicklung auf einmal zu den Mädchen hingezogen fühlt, ist das keine Sünde – auch nicht, wenn eines davon ihn ganz und gar entflammt. Die entscheidende Frage ist, wie sein Herz damit umgeht. Deshalb braucht er dringend den Herrn Jesus.

Das Verlangen nach geschlechtlicher Liebe als solches ist keine Sünde. Im Gegenteil: die Sexualität ist eine geniale Erfindung Gottes. Sie ist ein Baustein der Schöpfung. Denn wir lesen im ersten Buch der Bibel: *„Gott schuf den Menschen nach seinem Bild, nach dem Bild Gottes schuf er ihn"* – und zwar: *„als Mann und Frau schuf er sie" (1. Mose 1,27; Elb).* Und einen Vers danach heißt es: *„Und Gott segnete sie und sprach zu ihnen: Seid fruchtbar und mehret euch."*

Wie konnten sie das? Nur durch körperliche Liebe. Und damit sie die nicht vergaßen, hatte sie der Schöpfer mit einem Sexualtrieb ausgestattet. Ihn hatte Gott selbst in die Biologie des Menschen hineingelegt. Dass wir sexuelle Geschöpfe sind mit sexuellem Verlangen, ist ein Teil unseres menschlichen Wesens. Auch Jesus Christus, der sündlose Sohn Gottes, der Gottes Gebote absolut erfüllte und in Seinem Leben niemals sündhafter Lust Raum gab, war dennoch ein Mensch. Er war ebenfalls, wie wir, ein sexuelles Wesen. Gott hat bei Seiner Menschwerdung nicht geschummelt. Jesus wurde einer von uns – ein lebender, schwitzender, fühlender und sehnsüchtiger Mensch, wie du und ich. Er war kein geschlechtsloses Halbwesen, sondern hatte die gleichen Bedürfnisse und Wünsche wie wir. Die Bibel sagt: *„Er ist versucht worden in allem wie wir, doch ohne Sünde" (Hebräer 4,15).*

Das schließt auch sinnliche Anfechtungen mit ein. Denn Jesus war ein ganzer Mann. Aber dass Er das war, war keine Sünde. Weder Frausein noch Mannsein ist Sünde. Jesus ist nicht gekommen, um uns von unserer Menschlichkeit zu erretten. Nein, Er ist hineingekommen in diese Welt, um uns von unseren Sünden zu erretten. Er will uns nicht davon erlösen, dass wir sexuelle Geschöpfe sind, aber von der Sünde, die unsere Geschlechtlichkeit zerrütten und entstellen will.

Pastor Mertin:

Aber wenn die Sexualität ein reines und heiliges Geschenk Gottes ist, warum spricht man dann in christlichen Kreisen nicht offen über sie? Manchmal hat man nämlich den Eindruck, als ob das Tabu wäre, als hätte der Teufel die Sexualität erfunden. Sollte man nicht vielmehr in den Gemeinden offener und dankbarer auch über Sexualität sprechen?

Pastor Wegert:

Ich glaube, da sprichst du etwas an, was die Gemeinde Jesu vergessen hat. Wir Christen machen einen bösen Fehler, wenn wir unsere Kinder und Jugendlichen in der Gemeinde nicht von der Bibel her sauber über den Segen gottgewollter Sexualität aufklären. Wenn wir das nicht tun, tut es eine gottferne Schule. Wenn wir nicht wollen, dass unsere Kinder von den Einflüssen einer weltlichen Sexualkunde geprägt werden, und wenn wir nicht wollen, dass sie schon als Minderjährige Verhütungspillen schlucken oder schwanger werden und möglicherweise sogar abtreiben, dann sollte die Gemeinde Jesu nicht mehr schüchtern sein, sondern ihre Kinder und Erwachsenen umfassend darin unterweisen, was die Bibel unter Sexualität versteht.

Pastor Mertin:

Also sollten Gemeinden eine Alternative zum Sexualkundeunterricht entwickeln?

Pastor Wegert:

Ja, das ist meine Auffassung. Welche Form eine Gemeinde dabei jeweils wählt, ist eine andere Frage. Aber man sollte das Thema wirklich in der Gemeinde behandeln. Und ich möchte noch einen Schritt weitergehen:

Das christliche Elternhaus und Sexualität

Nicht erst in den Gemeinden, sondern bereits in den Elternhäusern sollte als erstes und grundsätzlich mit biblischer Unterweisung begonnen und auch offen über das Thema Sexualität mit den Kindern gesprochen werden.

Das gehört mit zu der Ermahnung, die die Bibel den Vätern mit folgenden Worten erteilt: *„Und diese Worte, die ich dir heute gebiete, sollst du zu Herzen nehmen und sollst sie deinen Kindern einschärfen und davon reden, wenn du in deinem Hause sitzt oder unterwegs bist, wenn du dich niederlegst oder aufstehst"* (5. Mose 6,6-7).

Leider leben viele christliche Väter sehr gern sich selbst. Ihre eigenen Unterhaltungen, wie zum Beispiel Fernsehen, Internet oder Hobby, fressen ihre ganze Zeit. Was sie dadurch an ihren Kindern versäumen, kann weder die Gemeinde und schon lange nicht die öffentliche Schule ausgleichen.

Im christlichen Elternhaus sollte die Sexualität als ein reines und heiliges Geschenk Gottes verstanden und in ehrfürchtiger, aber ganz freimütiger Weise darüber mit den Kindern gesprochen werden. Nur so können sie innerlich stark werden und gewappnet sein gegen die Pervertierungen einer gottlosen Welt.

Pastor Mertin:

Nun sagst du, dass die Eltern und auch die Gemeinden mit ihren Kindern anhand der Bibel über Sexualität sprechen sollen. Aber spricht denn die Bibel ganz offen darüber?

Pastor Wegert:

Das ist in der Tat so. Manche Bibelleser haben das nur noch nicht gemerkt. Die Bibel erklärt uns zum Beispiel schon auf ihren ersten Seiten, dass Sexualität innerhalb ehelicher Bahnen ein überwältigendes und beglückendes Geschenk Gottes ist. Daher lesen wir: *„Darum verlässt der Mann Vater und Mutter und bindet sich an seine Frau"* – oder wörtlich: *„klebt an ihr"* – *„und sie werden ein Fleisch"* *(1. Mose 2,24; Ein)*. Damit sind die Grundlagen klar gelegt: Der Mann gibt seine Bindung an sein eigenes Elternhaus auf und bindet sich stattdessen an seine Frau – wie schon gesagt: *„Er klebt an ihr."*

Entsprechend dieser schöpfungsgemäßen Anweisung betont Paulus: *„Jeder soll seine eigene Frau haben und jede Frau ihren eigenen Mann"* *(1. Korinther 7,2b)*. Diese Beziehung besteht vor Gott bis zum Tod eines der beiden Ehepartner. Darum sagt Paulus ein paar Verse weiter: *„Eine Frau ist gebunden, solange ihr Mann lebt"* *(1. Korinther 7,39)*. Umgekehrt gilt das natürlich genauso. Denn ihre Beziehung stammt von Gott, weshalb Jesus explizit sagt: *„Was nun Gott zusammengefügt hat, das soll der Mensch nicht scheiden!"* *(Matthäus 19,6b)*.

Das alles dürfen und sollen wir anhand noch vieler weiterer Bibeltexte unseren Kindern vorleben und es ihnen auch erzählen, damit sie sicheren Schrittes den Weg in ein gesegnetes Leben finden können.

Pastor Mertin:

Das sind natürlich die wesentlichen Grundsätze. Aber spricht denn die Bibel auch ganz konkret über Romantik, über Zärtlichkeit, körperliche Liebe und Erotik? Das sind ja doch Fragen, mit denen es Christen natürlich auch zu tun haben, aber worüber sie manchmal irritiert sind.

Pastor Wegert:

Andy, jetzt willst du es ganz genau wissen, und deine Frage ist ja auch wichtig. Die Bibel verschweigt diese Themen nicht. Sie beginnt mit dem Grundsatz, dass Mann und Frau ein Fleisch sind, und zwar in der Ehe.

Aber sie beschreibt auch die geschlechtliche Spannung, die zwischen Mann und Frau besteht, bevor sie sich verheiraten, und wie ihre Liebe in der Intimität der Ehe schließlich volle Erfüllung findet. Zu diesem Aspekt hat Gott uns ein ganzes biblisches Buch gegeben, nämlich das Hohelied. In ihm kann man vieles finden und dabei staunen.

Pastor Mertin:

Ich kann ja mal eine Kostprobe geben: *„Ich bin eine Narzisse von Saron, eine Lilie der Täler. Wie eine Lilie unter den Dornen, so ist meine Freundin unter den Töchtern. Wie ein Apfelbaum unter den Bäumen des Waldes, so ist mein Geliebter unter den Söhnen. In seinem Schatten saß ich so gern, und seine Frucht war meinem Gaumen süß. Er führte mich ins Weinhaus, und die Liebe ist sein Banner über mir. Stärkt mich mit Rosinenkuchen, erquickt mich mit Äpfeln, denn ich bin krank vor Liebe"* *(Hohelied 2,1-5; Sch2000).*

Pastor Wegert:

Und es gibt noch intensivere Verse und Texte. Viele haben versucht, diese Texte nur geistlich zu deuten, als Allegorie oder als Gleichnis auf Christus und Seine Braut. Mir ist bewusst, dass große Gottesmänner das Hohelied nur so verstanden wissen wollten. Und sie haben anhand seiner Texte wunderbare Predigten über die Liebe gehalten, die Christen mit ihrem Bräutigam Jesus verbindet.

Aber wenn ich dann die erotische und sinnliche Sprache bedenke, die das Hohelied gebraucht, kommen Zweifel bei mir auf. Denn die Beziehung Christi zu Seinen Kindern ist nicht sexueller Art. Sie ist geistlich und nicht fleischlich. Deshalb lesen wir ja auch: *„Gott ist Geist, und die ihn anbeten, die müssen ihn im Geist und in der Wahrheit anbeten"* *(Johannes 4,24).*

Deshalb bin ich der festen Überzeugung, dass das Hohelied nichts anderes ist als ein vom Heiligen Geist inspiriertes Buch über das Glück der Sexualität innerhalb der Ehe. Ich glaube, dass das Hohelied ein wirkliches Liebeslied ist, das von einem echten Mann und einer echten Frau handelt und das ebenso wie die ganze Bibel vom Heiligen Geist inspiriert ist. Es zeigt uns die reine Sehnsucht zweier Menschen nach Zärtlichkeit, die schließlich in der Ehe ihre Erfüllung findet.

Dass Gott uns nicht ein paar Verse, nicht ein Kapitel, sondern ein ganzes Buch in der Heiligen Schrift schenkt, das voll Sinnlichkeit und Erotik ist, zeigt uns, wie sehr Er Anteil auch an diesem Bereich unseres Lebens nimmt. Das Hohelied bespricht ganz ehrlich mit uns unsere körperlichen Sehnsüchte und Wünsche und zeigt uns, wie wir rein und sauber zur Ehre unseres Gottes Sexualität leben können – und zwar ohne Schuldgefühle.

Wo sollten wir das als Christen sonst lernen können, wenn nicht in der Bibel? Oder sollten wir es in Hollywood lernen, in der Popkultur oder gar in der Pornografie? Nein, niemals! Wir können bei Gott selbst in die Schule gehen. Denn alles, was wir brauchen, finden wir in Seinem Wort – auch die Aufklärung über den rechten Umgang mit Gott wohlgefälliger Sexualität.

Auch unter diesem Aspekt darf uns die Heilige Schrift immer kostbarer werden, und wir dürfen Gott für die geniale Idee danken, dass Er uns auf das andere Geschlecht hin geschaffen hat, um uns körperliches Glück und sogar auch Kinder zu schenken. Nein, Sexualität ist und bleibt ein reines und heiliges Geschenk Gottes, durch das wir Ihn von Herzen ehren dürfen.

Pastor Mertin:

Du sagst also, dass das Verlangen nach Sexualität grundsätzlich nicht sündhaft, sondern schöpfungsgemäß ist. Aber es gibt doch ein Begehren, das die Bibel dennoch als Sünde bezeichnet?

Sündhaftes Begehren

Pastor Wegert:

Natürlich. Da sprichst du eine gewisse Spannung an. Ganz gewiss kann Begehren Sünde sein. Zum Beispiel heißt es in den Zehn Geboten: *"Du sollst nicht begehren die Frau deines Nächsten" (2. Mose 20,17; Elb)*.

Dass Gott uns in der Schöpfung einen Sexualtrieb gegeben hat, bedeutet noch lange nicht, dass wir ihn nach unserer Lust und Laune einfach freiweg ausleben dürfen. Wenn ich in einem Supermarkt bin und Hunger habe, kann ich meinen natürlichen Esstrieb auch nicht ausleben, indem ich mir einfach einige Produkte aus dem Regal nehme und sie verspeise. Ich muss trotz meines Triebes Recht, Ordnung und Gesetz einhalten.

Deshalb ist die entscheidende Frage, wie wir auf das Drängen unseres Sexualtriebs reagieren. Eine attraktive Frau anzuschauen, ist keine Sünde. Sie aber gedanklich auszuziehen und in der Fantasie mit ihr zu schlafen, das ist Ehebruch. Jesus sagt: *"Wer eine Frau ansieht, sie zu begehren, der hat schon mit ihr die Ehe gebrochen in seinem Herzen" (Matthäus 5,28)*.

Wenn Ihnen ein sexueller Gedanke durch den Kopf schießt, ist das noch nicht böse Lust. Aber wenn Sie sich dem hingeben und ihn sich ausmalen, vielleicht sogar bis zum Exzess, dann ist das Sünde. Die Vorfreude auf die körperliche Liebe in der Ehe ist nicht verkehrt. Sie kann aber beschmutzt werden, wenn sie nicht von Geduld und Zurückhaltung geprägt ist.

Das heißt, die Regungen unseres von Gott geschenkten Triebes sollen wir nicht für etwas Schlechtes oder Peinliches halten. Gott will nicht, dass wir wegen unseres sexuellen Verlangens Schuldgefühle haben. Aber wenn wir dieses Verlangen nicht unter die Ordnung Gottes stellen und anfangen zu fantasieren und uns gedanklich dem Ehebruch und der Unzucht hingeben, dann sündigen wir.

Deshalb bitte ich Sie: Sprechen Sie ganz offen mit Gott über Ihre sexuellen Gefühle und stellen Sie diese in Sein Licht. Lesen Sie täglich in Gottes Wort und pflegen Sie auch das Gebet, die Zwiesprache mit dem Herrn. Der Heilige Geist wird Sie sehr sensibel machen, und Sie finden sehr bald heraus, ob Ihr sexuelles Sehnen und Wünschen mit der Bibel übereinstimmt oder ob Sie in Ihrem Begehren schon zu weit gegangen sind.

Andy, hast du vielleicht einen Vorschlag, wie man ein solches Gebet möglicherweise formulieren kann, wie man auch vor Gott artikulieren kann, ob man zu weit gegangen ist oder ob man richtig liegt, ob man mit dem Heiligen Geist und Gottes Wort übereinstimmt? Du hast dir Gedanken darüber gemacht.

Pastor Mertin:

Ja, ich habe drei Formulierungen zusammengestellt. Die erste lautet: „Herr, danke, dass Du mich als sexuelles Wesen erschaffen hast! Ich will Dich nicht darum bitten, dass Du mir meine Sehnsüchte und Bedürfnisse wegnimmst, sondern darum, dass Du mir hilfst, Dir in meinen Gedanken und in meinem Handeln zu gefallen."

Die zweite Formulierung könnte so lauten: „Herr, Du hast mich für eine auf Dauer angelegte Beziehung geschaffen. Bitte erfülle mich mit dem Vertrauen darauf, dass Du Gutes für mich geplant hast – etwas, das viel besser ist als das, was mir momentane Lustgefühle einbringen können."

Das dritte könnte so sein: „Herr, ich bin in Versuchung, mich gerade jetzt von Lust in der einen oder anderen Form trösten zu lassen. Bitte hilf mir, mich stattdessen an Dich zu wenden, um wahren Trost zu finden."

Pastor Wegert:

Ich denke, das geht zu Herzen, Andy. Wir wünschen, dass viele Menschen angesprochen sind. Gerade auch diese drei Vorschläge, wie wir mit Gott über die Spannung sprechen können, die wir in unserem Körper, in unserer Gefühlswelt verspüren, sind sicher hilfreich. Beten Sie doch gerade jetzt. Suchen Sie Ihren Herrn. Bitten Sie Ihn um Verzeihung, wo Sie gefehlt haben. Jesus ist da, und Er will Sie auf den rechten Weg leiten. In Jesu Namen. Amen.

Heiratet, wen ihr wollt

Pastor Mertin:

Nachdem wir zuletzt über Sexualität, wie die Bibel sie sieht, gesprochen haben, geht es jetzt um die Frage: Wie finde ich heraus, welche Frau oder welcher Mann denn die Person fürs Leben ist? Zuerst will ich dazu einen Vers aus der Bibel lesen: *„Dies ist's, was der HERR gebietet über die Töchter Zelofhads: Lass sie heiraten, wie es ihnen gefällt; nur sollen sie heiraten in ein Geschlecht aus dem Stamm ihres Vaters"* (4. Mose 36,6).

Hier steht also, ich sage es mal mit meinen Worten: „Heiratet, wen ihr wollt."

Da wendet doch gleich jemand ein: „Ohne klare Führung durch den Geist Gottes geht das aber nicht." Pastor, wie siehst du das?

Führung durch den Heiligen Geist

Pastor Wegert:

Ich will einmal erzählen, wie bei mir die Führung durch den Heiligen Geist aussah. Ich war 1961 jung bekehrt im Alter von 17 Jahren auf eine sogenannte Pionierfreizeit nach Wilhelmshaven gereist. Kaum angekommen, hieß es, dass noch weitere Freizeitteilnehmer mit der Bahn anreisen würden, die vom Bahnhof abgeholt werden müssten. Ich sprang zu einem Jugendlichen ins Auto und fuhr freudig mit. Als der Zug eingefahren war, stand ich direkt vor einer Waggontür, aus der dann auch sogleich ein Mädchen ausstieg. Ich sah sie und – verzeihen Sie mir –, ich war fertig. Mit zitternder Hand nahm ich natürlich schnell ihren Koffer und trug ihn zum Auto.

Die ganze Freizeit drehte sich für mich nur noch um dieses junge Mädchen. Sie hieß Gertrud, meine heutige Frau. Ich checkte sie ab. Wie alt? Wo wohnt sie? Was macht sie schulisch oder beruflich? Wer sind ihre Eltern? Und ganz wichtig: Ist sie wirklich gläubig und würde sie bereit sein, mir in meiner späteren Berufung zu folgen? Als alle Kriterien der Bibel und auch meine persönlichen erfüllt waren, habe ich sie gefragt: „Willst du meine Frau werden?"

So sah also meine Geistesleitung aus. Keine Engelserscheinung, kein prophetisches Wort, kein Traum, kein Zeichen, keine innere Stimme. Woher wusste ich bloß, dass Gertrud Gottes Wille für mich war? Ich hatte auch kein Vlies ausgelegt und auch nicht meinen inneren Frieden in der Sache überprüft. Ich wusste einfach: Gertrud ist die Frau meines Lebens, die und keine andere.

Heute darf ich zurückschauend die Antwort kennen. Sie steht in dem bereits zitierten Textwort: *„Dies ist's, was der Herr gebietet über die Töchter Zelofhads: Lass sie heiraten, wie es ihnen gefällt; nur sollen sie heiraten in ein Geschlecht aus dem Stamm ihres Vaters"* (4. Mose 36,6).

Die Töchter Zelofhads gehörten zu den Sippen der Nachkommen Josefs. Ihnen hatte Gott geboten, aus Erbschaftsgründen nicht in einen anderen Stamm hineinzuheiraten. Ansonsten brauchten sie nicht viele Fragen stellen, sondern sie konnten frei wählen, wen sie heiraten wollten.

Pastor Mertin:

Dann ist Führung durch den Heiligen Geist also eine ganz natürliche Angelegenheit.

Pastor Wegert:

Das kann man so sagen. Aber lass mich da noch einschieben: nicht ganz natürlich, sondern übernatürlich natürlich. Wir erleben sie, wenn wir mit Gott wandeln, ganz natürlich.

Pastor Mertin:

Nun hast du es ganz deutlich gewusst: Die und keine andere – Gertrud ist es. Aber was ist mit denen, die sich da nicht sofort ganz im Klaren sind, die Zweifel haben? Was machen die? Ist es in einem solchen Fall und bei einer so bedeutenden Entscheidung nicht vielleicht doch das Beste, den Herrn nach einem bestimmten Zeichen zu fragen?

Pastor Wegert:

So sehen das manche, Andy. Ich sage: Es ist natürlich immer richtig, dass solche Lebensentscheidungen, überhaupt Entscheidungen in unserem Leben, in unseren Gebeten vor dem Herrn zu bewegen sind. Aber dabei sollten wir nicht auf Zeichen fixiert sein. Denn unser christliches Leben besteht nicht in Zeichen und Offenbarungen, sondern wir leben täglich aus kindlichem Vertrauen dem Wort Gottes gegenüber.

Pastor Mertin:

Nun könnte aber jemand einwenden: Ihr nehmt da einen Bibelvers aus den alten Mose-Büchern heraus. Unser Zusammenleben heute funktioniert doch ganz anders.

Pastor Wegert:

Es ist nicht nur ein Bibelvers aus den Mose-Büchern des Alten Testamentes. Wir haben ein ähnliches Wort auch bei Paulus im Neuen Testament. Er schreibt, dass eine Frau nach dem Tod ihres Mannes „*frei ist, zu heiraten, wen sie will; nur dass es in dem Herrn geschehe!*" *(1. Korinther 7,39).*

Es ist also nicht unsere Aufgabe, akribisch den Ratschluss Gottes zu erforschen, ob denn diese Frau oder jener Mann mir auch von Gott bestimmt ist oder nicht. Vielmehr dürfen wir ganz natürlich und menschlich dabei vorgehen. Denn wir erinnern uns wieder an den Grundsatz unseres Glaubens: Christus wohnt durch den Heiligen Geist in unseren Herzen, und wir handeln und wandeln ganz und gar im Vertrauen darauf, dass Er es ist, der uns beständig leitet.

Ein Beispiel: Du möchtest dir eine Jacke kaufen. Christen, die ein idealistisches – und von der Bibel nicht gestütztes – Verständnis von Geistesleitung haben, werden erst einmal „den Herrn fragen", ob sie überhaupt eine Jacke kaufen sollen. Sie werden vielleicht eine Losung ziehen, einen inneren Eindruck abwarten oder ein Vlies auslegen, wie oft gesagt wird. In etwa so: „Wenn es morgen früh schneit, nehme ich das als Zeichen dafür, dass ich eine Jacke kaufen soll." Und wenn es dann tatsächlich schneit, gehen sie ins Geschäft. Das nächste Problem ist nun aber: Sie wissen nicht genau, welche Jacke der Herr denn will. Also geht das Erforschen des Willens Gottes von vorne los. Und so ist das Leben mit Jesus für solche Christen eine komplizierte und verzwickte Angelegenheit.

Wahre Geistesleitung sieht meines Erachtens aber folgendermaßen aus: Da mein Herz grundsätzlich betend auf Jesus ausgerichtet ist und ich den ganzen Tag im Glauben an den in mir wohnenden Christus lebe, gehe ich davon aus, dass Er mich ganz unbemerkt in allem führt. Also kann ich ganz pragmatisch an die Sache herangehen. Ich überlege mir einfach, ob ich wirklich eine Jacke brauche. Wenn ja, dann prüfe ich, ob ich auch genügend Geld dafür besitze. Wenn ja, schaue ich mir die Angebote an – und die Jacke, die mir gefällt, kaufe ich mir. Und das Ganze geschieht auf der Grundlage der Gebote Gottes, des Willens Gottes. Will heißen: Ich stehle die Jacke nicht, sondern ich gehe an die Kasse und bezahle. Es soll ja auch Christen geben, die meinen, der Geist hätte ihnen gesagt, sie sollten nicht bezahlen. Entschuldigen Sie, das klingt makaber, aber wir haben schon manches erlebt.

Pastor Mertin:

Das stimmt. Aber nun hast du ja ein sehr plattes Beispiel für eine so schwierige Frage gewählt. Eine Jacke zu kaufen oder eine Frau fürs Leben zu finden, ist ja schon ein Unterschied! Und wenn ich eine Jacke gewählt habe, die mir nicht gefällt oder nicht mehr passt, kaufe ich eine neue oder tausche sie um. Bei einer Frau ist das ja wohl anders.

Pastor Wegert:

Natürlich. Man mag mir verzeihen, wenn ich jetzt das Finden einer Frau mit dem Kaufen einer Jacke verglichen habe. Ich habe ein bisschen überzeichnet – das letztlich aber nur, weil ich deutlich machen wollte, worauf es ankommt.

Denn bei der Frage, welches die dir von Gott bestimmte Frau ist, kannst du ohne Weiteres auf dasselbe Prinzip zurückgreifen: Richte unter Gebet dein Leben nach dem Wort Gottes aus und bete auch um die richtige Frau beziehungsweise um den richtigen Mann. Und dann gehe ebenfalls ganz pragmatisch vor. Stelle dir die erste Frage: Möchtest du überhaupt heiraten?

Wenn ja, dann gehe dorthin, wo Leute deines Alters sind – in die Gemeinde, in den Jugendgottesdienst, in den Hauskreis. Wenn du fündig geworden bist, kommt die zweite Frage: Liebst du die Person, auf die du dein Augenmerk richtest? Bist du wirklich verliebt? Wenn ja, kommt die dritte Frage: Ist die betreffende Person von Herzen gläubig? Weiter: Lebt sie in Reinheit vor Gott oder hat sie unbiblische Beziehungen zu einem anderen Menschen?

Dann prüfe dich auch selbst. Bist du beispielsweise als Mann bereit, wirklich den langen Rest deines Lebens mit dieser Frau zu verbringen? Vergiss nicht: das können fünfzig, sechzig oder vielleicht noch mehr Jahre sein! Bist du wirklich bereit, für diese Frau dein Leben lang Verantwortung zu übernehmen? Bringst du dazu das entsprechende Maß an geistlicher Reife und emotionaler Stabilität mit? Kannst du dir das auch finanziell leisten? Das mag sehr altmodisch klingen. Aber die Aufforderung Jesu, bezüglich all unserer Planungen auch die Kosten zu überschlagen, bleibt für immer gültig (Lukas 14,28).

Und wenn du alles nach Gottes Wort und Gebot geprüft hast und dein Herz diese Frau innig begehrt, dann heirate sie! Sie ist dir von Gott bestimmt! Denn wie haben wir gelesen? *„Dies ist's, was der Herr gebietet ... Lass sie heiraten, wie es ihnen gefällt; nur sollen sie heiraten in ein Geschlecht aus dem Stamm ihres Vaters"* (4. Mose 36,6).

Die Frau des göttlichen Ratschlusses für dein Leben ist die, zu der der Herr dein Herz geneigt hat – das heißt, in die du dich richtig verliebt hast und die mit dir gemeinsam nach den gesegneten Vorgaben der Heiligen Schrift leben will. Wenn das dein Grundsatz ist, brauchst du nicht mehr grübeln und nach Zeichen suchen, ob sie auch die ist, die dir von Gott bestimmt ist. Der folgende Text ist ein Schlüsselvers, damit wir verstehen können, worüber wir sprechen: *„Was verborgen ist, ist des HERRN, unseres Gottes; was aber offenbart ist, das gilt uns und unsern Kindern ewiglich, dass wir tun sollen alle Worte dieses Gesetzes"* (5. Mose 29,28).

Wer die dir von Gott bestimmte Frau oder der dir bestimmte Mann ist, ist Gottes verborgener Wille, das ist Sein verborgener

Ratschluss. Das weißt du zunächst nicht. Versuche diese göttliche Vorherbestimmung nicht durch Zeichen oder durch prophetische Worte herauszukitzeln. Du vergreifst dich unerlaubt an den Geheimnissen Gottes. Was du jedoch zu tun hast, ist, Gottes geoffenbarten Willen zu befolgen, nämlich nach Seinen Weisungen und Ordnungen zu leben, die Er uns bekannt gemacht hat. Auf dieser Grundlage bist du frei, zu entscheiden. Und die, die du so gewählt hast, ist die, die Gott dir vorherbestimmt hat. So einfach ist das, Andy. Ist das so?

Pastor Mertin:

Das ist so. Es hört sich wirklich einfach an, doch wenn man sich in der Situation befindet, erscheint es einem oft ungleich schwieriger. Gott stellt mir eine Frau in den Weg, ich bin sofort – wie man so sagt – hoffnungslos verliebt. Und jetzt soll ich also durch eine ganz rationale, am Wort Gottes orientierte Vorgehensweise prüfen: Ist es die Richtige?

Du hast einige Kriterien, die dieser Prüfung zugrunde liegen, genannt. Gibt es noch weitere?

Weitere wichtige Kriterien

Pastor Wegert:

Die gibt es. Ich möchte noch einmal ein wichtiges Kriterium wiederholen, bevor wir dann auch zu deiner Frage kommen. Es ist sehr wichtig, dass die Person ein wiedergeborener Christ ist. Die Bibel sagt: *„Zieht nicht am fremden Joch mit den Ungläubigen. Denn was hat die Gerechtigkeit zu schaffen mit der Ungerechtigkeit? Was hat das Licht für Gemeinschaft mit der Finsternis?"* (2. Korinther 6,14).

Hier werden sehr viele Fehler gemacht: Der geoffenbarte Wille Gottes wird nicht gesehen und auch nicht eingehalten. Es gibt aber nicht nur Gebote Gottes, die wir beachten müssen. Manches ist nämlich auch eine Frage der Weisheit. Andy, könntest du zu diesem Aspekt der Weisheit unseren Zuschauern etwas sagen?

Pastor Mertin:
Gern. Beobachte beispielsweise nicht nur das Verhältnis, das dein möglicher Ehepartner zu Gott hat, sondern auch, wie er sich anderen Menschen gegenüber verhält – zum Beispiel Autoritätspersonen. Spricht er oder sie dauernd schlecht über den Chef oder den Pastor? Wenn die Person, die du liebst, Autorität und Leiterschaft nicht anerkennen kann, wird sie sich auch in der Ehe sehr schnell respektlos und entwürdigend verhalten. Das haben wir leider oft beobachten können. Wenn Ehepaare Leiterschaft verachten, gibt es häufig auch große Verachtung innerhalb der Familie. Aber wenn deine Auserwählte ihre Eltern, ihre Lehrer, ihre Pastoren achtet, wird sie auch dich achten und wertschätzen.

Schaue auch hin, wie sich dein künftiger Partner dem anderen Geschlecht gegenüber verhält. Wenn deine Freundin mit jedem flirtet, ständig mit Jungs kokettiert und einen nach dem anderen anmacht – glaubst du, dass sie sich mit dem Tag der Hochzeit ändert? Und ihr Mädchen, wollt ihr wirklich einen Mann heiraten, der jedem Girl hinterherpfeift und mit ihr anbändelt? Wenn dein Freund nicht in der Lage ist, dir den Schutz einer verbindlichen Beziehung zu schenken, sondern sich an deiner Eifersucht weidet, die er ständig in dir erzeugt, dann mach besser mit ihm Schluss.

Pastor Wegert:
Richtig. Man muss auch konsequent sein.

Ein weiterer Punkt zur Frage der Weisheit sind die Freunde, mit denen sich dein Zukünftiger beziehungsweise deine Zukünftige abgibt. Hat er beziehungsweise sie Umgang mit lauter oberflächlichen, losen Leuten? Die gibt es auch im Dunstkreis einer jeden Gemeinde. Es gibt junge Leute, die sich wohl als Christen bezeichnen, mit denen du aber kaum ein geistliches Gespräch führen kannst. Sie kommen zwar zur Jugendveranstaltung und auch zum Gottesdienst, aber Bibel und Gebet interessieren sie herzlich wenig. Diese Art von „christlichen" jungen Leuten ist meistens auch sehr undiszipliniert. Sie verplempern viel Zeit vor der Mattscheibe. Schule, Ausbildung und Studium stehen meist weit hinten auf ihrer Agenda. Ich glaube, es wäre weise, eine Beziehung zu solchen Freunden nicht weiterzuverfolgen.

Ich finde, dass auch der Umgang mit Geld und das äußere Erscheinungsbild eine Rolle spielen sollten. Wie kleidet sich dein Mädchen? Aufreizend? Lenkt es die Blicke der Männerwelt auf sich? Frage dich, was das über ihr Herz aussagt! Oder was geht in einem jungen Mann vor, der süchtig nach Markenklamotten ist, nach Rolex-Uhren und anderen Edelgütern? Ich glaube, der kleine Angeber will „in" sein und ist übermäßig daran interessiert, was andere Leute von ihm denken.

Pastor Mertin:

Das sind ja äußerst hohe Ansprüche!

Pastor Wegert:

Das kann man wohl sagen. Aber, Andy, wir leben ja aus der Gnade. Das dürfen wir dabei auch im Herzen behalten.

Pastor Mertin:

Viele werden sagen: „Wenn ich mich nach dieser Liste von Kriterien richten soll, dann finde ich nie die perfekte Frau." Pastor Wegert, ich denke, wir wissen, dass niemand perfekt ist.

Pastor Wegert:

Ganz genau. Das ist wichtig, dass du auch darauf noch mal zu sprechen kommst, Andy. Wir predigen keinen Perfektionismus. Vielmehr wenden wir uns an den Heiland, der uns auf diesem Wege hilft. Und wer eine perfekte Frau oder einen perfekten Mann finden will – na ja …

Pastor Mertin:

Jemand betete einmal: „Gott, hilf dem Mann, der solange nicht heiraten will, bis er die perfekte Frau gefunden hat – aber hilf ihm bitte noch mehr, wenn er sie findet." Wir sollten nicht den vollkommenen Menschen suchen wollen. Denn warum sollte der einen so unvollkommenen wie dich heiraten? Aber das darf uns nicht daran hindern, mit Weisheit und Umsicht nach einem Partner fürs Leben zu suchen. Benjamin Franklin soll diesbezüglich gesagt haben: „Vor der Hochzeit sollte man beide Augen weit aufmachen, aber danach immer eins zudrücken." Da hat er doch recht, oder?

Pastor Wegert:

Machst du es so? Drückst du auch immer ein Auge zu?

Pastor Mertin:

Natürlich!

Pastor Wegert:

Oh, das ist schön zu hören. Aber Benjamin Franklin hat die Sache auf den Punkt gebracht. Und ich finde, wir sollten uns diesen Satz sehr gut merken. Auch wenn er so nicht in der Bibel steht, drückt er doch eine wichtige Wahrheit aus: Wir sind und bleiben alle fehlbare Menschen und müssen unser Leben lang aus der Vergebung leben.

Dennoch: Gehe bei der Partnersuche erstens die Wege Gottes. Und bitte Ihn zweitens dabei auch um Weisheit. Jakobus sagt: *„Wenn es aber jemand unter euch an Weisheit mangelt, so erbitte er sie von Gott, der allen gern und ohne Vorwurf gibt, so wird sie ihm gegeben werden" (Jakobus 1,5; Sch2000).*

Das erbitte ich für Sie und für Ihre Zukunft. Es ist unser Herzensanliegen, dass diese Themenreihe zu den Herzen der Menschen kommt, damit sie gesegnet sind auch in Fragen der Freundschaft, der Liebe, der Verlobung, der Sexualität, der Ehe und Familie. Gott segne Sie! In Jesu Namen. Amen.

Der wahre Zweck der Ehe

Pastor Mertin:

Beim letzten Thema haben wir darüber gesprochen, wie wir denn durch Gottes Gnade unseren Lebenspartner finden können – nämlich dadurch, dass wir auf der Grundlage von Gottes Gebot einfach unserem Herzen folgen.

Als zweites haben wir erkannt, dass neben den Kriterien der biblischen Gebote auch Weisheit eine große Rolle spielt. Also beachte bei der Suche nach einem Ehepartner strikt das Wort der Heiligen Schrift und bitte Gott zusätzlich um Weisheit.

Jetzt wollen wir uns mit der Frage befassen, worin denn aus Gottes Sicht der wesentliche Zweck einer Ehe besteht. Wozu hat Gott sie eingesetzt?

Dazu lese ich einen Abschnitt aus dem Epheserbrief: *„Deshalb wird ein Mann seinen Vater und seine Mutter verlassen und seiner Frau anhängen, und die zwei werden ein Fleisch sein. Dieses Geheimnis ist groß; ich aber deute es auf Christus und auf die Gemeinde"* (Epheser 5,31-32; Sch2000).

Pastor Wegert, worin besteht grundsätzlich der Zweck einer Ehe? Was ist deine Antwort?

Pastor Wegert:

Das müssen wir natürlich klären, Andy. Ich möchte zunächst Sie fragen: Warum sind Sie eigentlich verheiratet oder warum wollen Sie heiraten? Weil es nicht gut ist, allein zu sein? Ja, Sie haben recht. Das sagt die Bibel auch (1. Mose 2,18).

Eine andere Antwort lautet gewiss, weil wir Liebe üben und auch die Freuden der Sexualität genießen möchten und weil wir natürlich Kinder bekommen wollen.

Diese und vielleicht auch noch andere Gründe, die wir für eine Ehe anführen, sind alle menschenbezogen. Aber wie lautet der Grund für eine Ehe, die auf Gott bezogen ist? Gewiss antwortet ein Christ jetzt, dass der Zweck der Ehe die Ehre Gottes sein soll. Richtig.

Aber unser Text geht noch ein Stück weiter.

Das Geheimnis – Christus und die Gemeinde

Er spricht von einem Geheimnis, das Christus und die Gemeinde betrifft. Wenn Paulus sagt, dass dies ein Geheimnis ist, meint er nicht, dass man es nicht verstehen kann, sondern dass es eine Zeitlang verborgen war, aber nun offenbart worden ist.

Als Gott Adam als Mann und Eva als Frau erschuf, tat Er etwas Prophetisches, welches den Menschen am Anfang noch verborgen war. Sie sahen nur die Genialität ihrer Schöpfung, ihren Körper, ihre Geschlechtlichkeit und auch die Fortpflanzung. Gott aber sah mehr. Er sah in der Erschaffung des ersten Ehepaares ein Gleichnis auf Christus und Seine Gemeinde. Diese Wahrheit hielt Gott solange verborgen, bis Er Jesus und Seine Gemeinde offenbarte.

Darum schreibt Paulus jetzt in Anlehnung an das Wort der Bibel im Alten Testament: *"Ein Mann wird Vater und Mutter verlassen und an seiner Frau hängen, und die zwei werden ein Fleisch sein."* Und nun fügt Paulus hinzu: *"Dies Geheimnis ist groß; ich deute es aber auf Christus und die Gemeinde" (Epheser 5,31-32).*

Damit erklärt er, wozu die Ehe in erster Linie da ist, was ihr Hauptzweck ist: Sie soll nämlich die herrliche Beziehung, die Christus zu Seiner Gemeinde hat, widerspiegeln. Vor diesem Hintergrund frage ich nun noch einmal: Warum bist du eigentlich verheiratet? Oder warum willst du gerne heiraten?

Andy, ich komme einfach mal zu dir: Was ist der Hauptgrund, warum du verheiratet bist?

Pastor Mertin:

Die menschenbezogenen Gründe, wie du es genannt hast, spielen auch bei mir oder bei uns in der Ehe eine große Rolle, das ist schon klar. Aber mir und meiner Frau ist es auch ganz wichtig, dieses Gleichnis – Christus und die Gemeinde – widerzuspiegeln. Auch wenn uns das nicht immer bewusst ist und auch nicht immer klappt, das muss ich schon sagen. Und wie ist es bei euch?

Pastor Wegert:
Bei uns ist es ähnlich. Natürlich lebt man nicht immer voll und ganz in diesem Bewusstsein, dass Gertrud und ich die Aufgabe erfüllen sollen, die Beziehung Christi zu Seiner Gemeinde zu reflektieren. Der Alltag ist da, und auch die Lebensnotwendigkeiten sind da. Aber es ist ganz wichtig, dass wir uns immer wieder darüber im Klaren sind, was aus Gottes Sicht unsere Ehe eigentlich bedeuten soll.

Das heißt: Die Ehe soll die Herrlichkeit des Evangeliums darstellen. Die Ehe der Christen ist von Gott her dazu bestimmt, ein Gleichnis für die Liebesbeziehung zwischen Jesus und Seiner Brautgemeinde zu sein. Das bedeutet, die Ehefrau nimmt die Rolle der Gemeinde ein, und der Ehemann zeigt in dem Verhältnis zu seiner Frau das Wesen Christi, wie Er sich Seiner Gemeinde gegenüber verhält.

Deshalb schreibt Paulus auch nicht einfach, dass sich die Frau ihrem Mann unterordnen soll, einfach so, weil es sich so gehört. Nein, es gibt eine gewaltige Begründung dafür. Hier ist sie: _„Ihr Frauen, ordnet euch euren Männern unter wie dem Herrn"_ (Epheser 5,22).

Das heißt, sie sollen ihren Ehemann als ein Gleichnis auf Christus ansehen. Damit sollte uns Ehemännern endgültig klar sein, wie gewaltig unsere Verantwortung ist und was Gott von uns erwartet!

Der Apostel beschreibt das eheliche Gleichnis weiter und sagt: _„Ihr Männer, liebt eure Frauen."_ Sie sollen sie aber nicht einfach nur so allgemein lieben, wie die Welt ihre Frauen auch liebt, in dem Sinne: Seid nett zu ihr. Nein, sondern liebt sie, _„wie auch Christus die Gemeinde geliebt hat und hat sich selbst für sie dahingegeben"_ (Epheser 5,25).

Jemand sagte einmal: Die faszinierendste Romanze des gesamten Universums ist die Liebesgeschichte zwischen Christus und Seiner Brautgemeinde. Und nun stellt euch einmal vor: Gott setzte am Anfang der Schöpfung die Ehe ein, damit diese millionenfach das Geheimnis Christi und Seiner Gemeinde darstelle. Deine und meine Ehe ist also von Gott her gedacht als eine gelebte Verkündigung, als eine Botschaft und Verherrlichung Christi und Seiner Braut. Wenn euch diese göttliche Tiefe bewusst wird, wird sich eure Beziehung radikal verändern.

Pastor Mertin:

Das ist für uns alle eine große Herausforderung. Woran kann man zum Beispiel diese Veränderung konkret festmachen?

Die Verantwortung des Mannes

Pastor Wegert:

Zum Beispiel an der Rolle des Ehemannes, Andy. Wir haben ja schon gesagt, dass sich gerade für den Mann aus diesem Gleichnis eine außerordentliche Verantwortung ergibt. Denn ihm fällt ja die Rolle des Christus zu. Damit wird natürlich nicht erwartet, dass er vollkommen und ohne Sünde sein müsse wie Christus. Aber er strebt dem Bild Christi nach, und so, wie der Herr in Liebe und Hingabe die Verantwortung für die Gemeinde übernimmt, soll auch der Mann geistlich vorangehen.

Wir sehen, das Gleichnis von Christus und Seiner Gemeinde ist nicht nur eine nette Illustration, sondern es ist die Essenz unserer Ehe. Deshalb die Frage: Worauf konzentriert sich eure eheliche Beziehung? Auf euch selbst? Auf die Kinder? Auf eure gemeinsamen Pläne? Wenn das so ist, dann lebt ihr eure Ehe so, wie sie von Gott nicht gedacht war. Denn das Ziel einer christlichen Ehe orientiert sich nicht am Menschen und seinen Bedürfnissen, sondern an Gott. Deine Ehe richtet sich nicht nach dem aus, was uns Menschen, sondern was Gott dient. Wenn wir das erfasst haben, macht genau das den Qualitätsunterschied unserer Ehe aus. Und das bleibt dann auch nicht im Verborgenen.

Pastor Mertin:

Du hast damit nun auch das Thema „Unterordnung" angeschnitten. Für viele ist das eine sehr schwierige Sache, das muss man schon so sagen. Wenn wir das Bild von Jesus und Seiner Gemeinde auf die Ehe anwenden, kommt dann dem Mann nicht doch eine Rolle zu, dass er das Sagen hat? Er bestimmt, wo es langgeht?

Pastor Wegert:

Wenn man die Bibel nicht richtig kennt und ihre Botschaft in ihrem Kern nicht versteht, kommt man natürlich zu solchen Missverständnissen, als sei der Mann der Oberherrscher und der Patriarch, der da alles zu bestimmen und zu befehlen hat.

Aber der Ehemann, der dem Vorbild Jesu folgt, fordert nicht befehlsmäßig die Unterordnung der Frau ein. Denn Jesus hat gesagt: *„Der Menschensohn ist nicht gekommen, dass er sich dienen lasse, sondern dass er diene und gebe sein Leben zur Erlösung für viele" (Matthäus 20,28).* Von Pascha-Allüren ist da überhaupt keine Rede. Denn Christus sah Seinen Vorrang nicht darin, dass Er herrschte, sondern dass Er diente.

Der Bericht der Fußwaschung in Johannes 13 ist ein starker Beweis für die innere Haltung, die Jesus als Haupt der Gemeinde zeigt. An einer anderen Stelle ermahnt uns der Heiland zudem noch und sagt: *„Wer unter euch groß sein will, der sei euer Diener" (Matthäus 20,26).* Deshalb, lieber Ehemann, sei Haupt in deiner Familie, indem du ihr dienst und dich für sie hingibst. Dann bildest du Christus ab.

Ein anderer Wesenszug unseres Meisters ist Sein priesterliches Herz. Er tat alles, um die Gemeinde zu heiligen und sie vor Gott so darzustellen, dass sie herrlich sei (Epheser 5,26-27). Gehe also geistlich voran und sei ein Priester Gottes für deine Frau und für deine Kinder, lieber Ehemann. Sei ein Vorbild in der Gottseligkeit, übe dich darin, sei ein Beter und lebe vor dem Angesicht des Herrn. Verschwende deine Zeit nicht mit Nichtigkeiten, sondern lade deine Frau zur Andacht und zum gemeinsamen Gebet ein. Wenn die Deinen dein göttliches Leben sehen, werden sie gerne mit dir gemeinsam die Bibel lesen und beten.

Leider habe ich erschreckend oft von christlichen Frauen gehört, dass sie gerne mit ihrem Mann beten und geistliche Gespräche führen würden, dass er das aber nicht möchte. „Er fühlt sich meistens nicht so danach", heißt es oft.

Lieber Ehemann, ja, du bist berufen, das Haupt der Frau zu sein, wie Christus das Haupt der Gemeinde ist. Aber dann übernimm auch die geistliche Verantwortung. Sei ein Priester und Seelsorger für deine Familie.

Pastor Mertin:

Diese Berufung zu erkennen und wahrzunehmen, kann doch bestimmt auch eine Hilfe sein für Ehepaare, die sich in Krisen befinden?

Pastor Wegert:

Ja, gerade in der Krise ist es wichtig, dass der Ehemann sein priesterliches Herz zeigt. Wenn Paare aufgrund einer Ehekrise zu mir kommen, ist generell meine erste Frage: Wann habt ihr das letzte Mal zusammen gebetet? Meistens wissen sie es nicht mehr genau, denn es ist schon so lange her.

Ich bin durch die Gnade Gottes nun schon über vierzig Jahre mit meiner Frau verheiratet. Wir haben glückliche Zeiten körperlicher Intimität gehabt, und Gott schenkte uns auch drei wunderbare Kinder. Aber wenn Sex und sonstige schöne Gemeinsamkeiten der alleinige Faktor unserer Freude gewesen wären, dann hätte Gertrud und ich auch eine sehr unglückliche Ehe gehabt.

Aber durch die Barmherzigkeit Gottes haben wir nie unsere geistliche Beziehung zerbrechen lassen. Täglich und ganz besonders in Zeiten der Krise haben wir immer wieder gemeinsam den Herrn gesucht. Ja, mein Herz war manchmal so verhärtet, dass ich „nein" sagte, wenn Gertrud mich bat, mit ihr zu beten. Das war hart und schmerzvoll für sie. Aber der Herr hat mich in Seiner Gnade immer wieder an meine geistliche Verantwortung für meine Frau und Kinder erinnert. Ich bat herzlich um Verzeihung, und schon trafen sich unsere Herzen wieder unter dem Kreuz.

Nirgendwo bin ich meiner Frau so nahe, als wenn ich höre, wie sie betet. Wenn sie so zu mir spricht, ist das schön. Ich mag so gerne, wenn Gertrud mir etwas erzählt. Ich liebe ihre Stimme und ihre Art, wie sie spricht. Aber wenn sie betet und in meinem Beisein ihr Herz vor Gott ausschüttet, zerfließe ich. Dann kann ich tief in ihr aufrichtiges Herz hineinschauen wie sonst nie. Wenn sie zu Gott fleht und für mich und die Kinder betet, für die Kranken, die Angefochtenen in der Gemeinde, für die Missionsfreunde, dann geht es mir durch und durch, und ich kann nicht anders, als sie lieben. Nie sind wir uns so nahe, als wenn wir zusammen beten.

Pastor Mertin:

Du gibst uns hier einen Einblick in eure ganz private Vertrautheit. Ich muss sagen, deine Offenheit ist sehr wohltuend und hilfreich – gewiss auch für viele unserer Zuschauer.

Das sollte uns Männer lehren, in der Familie geistlich voranzugehen. Denn wie schwer haben es Frauen, wenn sie gegen ihren Mann und ihre Kinder die Familie zu Gott ziehen sollen. Sie müssen dabei verzweifeln. Wie sehr sehnt sich die christliche Ehefrau danach, dass ihr Mann vorangeht und sie alle von ihm und seinem Vorbild gezogen werden. Hat Jesus es nicht auch so getan? Er ist uns doch auch vorangegangen?

Pastor Wegert:

Ja, Andy, das ist so. Und wir können Ihm so dankbar sein, dass Er uns so vorbildlich zeigt, wie auch wir als Männer unseren Frauen begegnen dürfen und ihnen auch geistlich vorangehen dürfen. Jesus hat es so getan, und so tut Er es ja auch noch heute. Er ist das Haupt Seiner Gemeinde, und wenn Er uns zieht, dann laufen wir (Hohelied 1,4).

Deshalb, lieber Ehemann: Denke über deine Rolle nach und werde Jesus darin immer ähnlicher. Wenn die Seinen auch noch so schwierig waren, liebte Er sie doch bis ans Ende. Er gab sie nicht auf, Er trug sie durch. Ein solches Vorbild wird die Wertschätzung deiner Frau und deiner Kinder hervorrufen, und sie werden dir auf deinen göttlichen Wegen gerne folgen. Und du, liebe Ehefrau, sei demütig genug und hilf deinem Mann, seine Rolle in eurer Beziehung zu finden, und ihr werdet glücklich sein.

Wir haben jetzt gelernt, welches der wahre Zweck der Ehe ist. Sie bezieht sich nicht in erster Linie auf uns selbst, sondern auf Gott. Die Ehe ist heilig, weil sie einen heiligen Grund hat. Denn sie ist ein Echo, ein Widerhall auf Jesus und Seine Gemeinde. Das lasst uns nie vergessen.

Die Welt kennt einen so tiefgehenden Grund für die Ehe nicht. Für Ungläubige ist der Zweck der Ehe meistens, soviel wie möglich aus der Beziehung herauszuholen, aber doch nicht, Christus und Seine Gemeinde darzustellen. Weil Ungläubige von dieser kostbaren Tiefe der Ehe keine Ahnung haben, hat diese bei ihnen auch nicht annähernd den Wert, den sie bei Gotteskindern hat. Gott segne euch alle in diesem Sinne. Amen!

Verlobung – Treueversprechen oder Tradition?

Pastor Mertin:

Das letzte Mal haben wir über den wahren Zweck einer Ehe gesprochen. Wir haben gelernt, dass die Ehe ein Gleichnis auf Christus und Seine Gemeinde ist. Mit anderen Worten: Gott hat die Ehe von Christen dazu bestimmt, die Liebesbeziehung zwischen Jesus und Seiner Gemeinde widerzuspiegeln. Darin ist die Heiligkeit und der wahre Wert der Ehe begründet. Sie ist heilig, weil sie einen heiligen Grund hat.

Jetzt wollen wir die Frage stellen: Gibt es auch so einen bedeutenden Grund für die Verlobung? Oder ist sie nur eine traditionelle Gepflogenheit?

Plötzlich hören wir, dass sich in der Silvesternacht oder zu einem anderen exklusiven Zeitpunkt wieder zwei heimlich verlobt haben. Sowohl den Eltern als auch den Pastoren und der ganzen Gemeinde gegenüber ist der Überraschungscoup voll gelungen. Staunen und Raunen geht am nächsten Sonntag durch die Gottesdienstreihen. Und alles klatscht Beifall. Aber wissen die beiden eigentlich, was sie da getan haben?

Pastor Wegert, was sagst du dazu?

Pastor Wegert:

Eine ganze Menge. Das ist von der Bibel her ein ganz wichtiges Thema, Andy. Ich bin überzeugt, dass viele heute nicht wirklich wissen, was Verlobung bedeutet. Um das zu erklären, muss ich zuerst einmal einige Bibelstellen zitieren.

Auch die Verlobung ist ein Gleichnis

Auch die Verlobung ist ein Gleichnis von dem, was Jesus mit Seiner Gemeinde getan hat. Am Anfang sagt Er in der Tat zu ihr: *„Ich will mich mit dir verloben für alle Ewigkeit, ich will mich mit dir verloben in Gerechtigkeit und Recht, in Gnade und Barmherzigkeit. Ja, in Treue will ich mich mit dir verloben, und du wirst den HERRN erkennen"* (Hosea 2,21-22).

Das ist eine ewige Zusage, ein unwiderruflicher Bund. Hier in dieser Welt befindet sich die Gemeinde Jesu also in einem Verlobungszustand. Aber die Hochzeit findet im Himmel statt. Es ist die Hochzeit des Lammes. Und so ruft uns Johannes in der Offenbarung zu: *„Lasst uns freuen und fröhlich sein und ihm die Ehre geben; denn die Hochzeit des Lammes ist gekommen, und seine Braut hat sich bereitet" (Offenbarung 19,7).*

Das Wesen der Verlobung zwischen dem Herrn und Seinen Brautseelen, den Kindern Gottes, besteht also darin, dass Er hier auf Erden nach dem Ratschluss Seines Willens einen festen, unwiderruflichen Bund eingeht. Die Verlobung des Herrn mit dir und mir sieht deshalb so aus: *„Gott ist's aber, der uns fest macht samt euch in Christus und uns gesalbt und versiegelt und in unsre Herzen als Unterpfand den Geist gegeben hat"* (2. Korinther 1,21-22).

Als Jesus sich mit uns verlobt hat, hat Er uns gesalbt und uns fest versiegelt, und Er hat uns ein Pfand gegeben, dass wir unzweifelhaft wissen können: Diese Verlobung hat Bestand bis in die Ewigkeit. Denn der Herr macht kein Spielchen mit uns. Er verlobt sich mit uns nicht auf Probe. Nein, Er macht einen für Zeit und Ewigkeit gültigen Verlobungsbund mit uns.

Pastor Mertin:

Das Vokabular, das du da gebrauchst, erinnert mich doch sehr stark an eine christliche Eheschließung. Mit Verlobung, so wie wir sie im Allgemeinen kennen, hat das doch eigentlich gar nichts zu tun. Die Verlobung wird heutzutage doch eher als Testphase gesehen, in der man feststellen kann, ob man überhaupt zueinander passt. Es ist doch so, oder?

Pastor Wegert:

Das ist leider so, aber es entspricht nicht der Heiligen Schrift. Wir Christen sollten deshalb vielmehr dem Beispiel folgen, das die Bibel uns zeigt.

Mit der Verlobung schwört der Herr uns ewige Treue und legt dazu sogar noch einen Eid ab. Denn es heißt in Gottes Wort: *„Darum hat Gott, als er den Erben der Verheißung noch* *kräftiger beweisen wollte, dass sein Ratschluss nicht wankt, sich noch mit einem Eid verbürgt" (Hebräer 6,17).*

Also, Christi Verlobung mit dir ist absolut fest und hat eindeutig bindenden Charakter. Aber die Ehe wird – bildlich gesprochen – hier auf Erden noch nicht vollzogen. Erst wenn wir zur Hochzeit des Lammes heimgeholt werden, werden wir an der unverhüllten Fülle Christi unsere Lust haben.

Hier stehen wir im Bund der Verlobung mit Ihm, Er hat uns dazu quasi Seinen Siegelring, den Heiligen Geist, gegeben. Und wir warten in Treue, Reinheit und Heiligkeit auf unseren Bräutigam, sodass wir eines Tages schauen können, was hier auf Erden kein Auge sehen, kein Ohr hören und kein Herz wahrnehmen kann. Wir werden überwältigt sein von der Herrlichkeit unseres Bräutigams, wenn das Verlobungsgelöbnis eingelöst wird und die Gemeinde des Herrn die Ehefrau des Christus wird. Jemand nannte diese „Liebesgeschichte" Jesu mit Seiner Braut die köstlichste Romanze des ganzen Universums.

Jetzt habe ich aber eine Frage: Welcher Augenblick hat eigentlich alles entschieden, dass wir auf ewig mit Jesus vermählt sein werden? War der alles entscheidende Augenblick die Hochzeit im Himmel? Oder war der alles entscheidende Augenblick die Verlobung hier auf Erden? Die Antwort kann nur lauten: Die Verlobung hat alles entschieden! Sie hat demzufolge, wenn man so will, eine größere Bedeutung als die Hochzeit selbst.

Pastor Mertin:

Das Gesagte bezieht sich nun allerdings ausschließlich auf die Beziehung von Christus zu Seiner Gemeinde. Macht die Bibel denn auch konkrete Aussagen, wie das bei der Verlobung von Mann und Frau sein soll?

Eheschließung in der Bibel

Pastor Wegert:

Ja, die Bibel ist da ganz eindeutig.

Denn bevor ein Paar heiraten konnte, musste es sich verloben. Das war keine Nacht- und Nebelaktion. Nein, die Verlobung war in den Zeiten der Bibel wichtiger als die Hochzeit (2. Mose 22,15; 5. Mose 20,7; 5. Mose 28,30). Denn das Brautpaar verpflichtete sich durch die Verlobung öffentlich zur Eheschließung und zur vorehelichen Treue (5. Mose 22,23-27). Nicht bei der Hochzeit, der sogenannten Heimholung, sondern bereits bei der Verlobung gelobten, ja schworen sie sich Treue bis zum Tod.

Die Verlobung war deshalb genauso unauflöslich wie die Ehe selbst und war ein öffentlicher Akt mit allen rechtlichen Konsequenzen. Ein verlobtes Paar war ebenso wie ein Ehepaar gebunden und war nicht mehr frei. So brauchte ein Verlobter nicht in den Krieg ziehen. Es sollte nämlich unbedingt vermieden werden, dass er dort fällt (5. Mose 20,7). Es sollte sichergestellt werden, dass er sein Eheversprechen auch einlösen kann. Nach dem Gesetz des Moses wurden nicht nur Ehepartner bestraft, wenn sie die Ehe brachen, sondern gleichermaßen auch Verlobte (5. Mose 22,23-27).

Bei der Verlobung musste auch an die Eltern der Verlobten ein Brautpreis gezahlt werden (vgl. 1. Mose 24,53; 34,12; 2. Mose 22,15-16; 5. Mose 22,28-29; 1. Samuel 18,25; 2. Samuel 3,14). Das heißt, sich einfach mal schnell zu verloben, wie es heute üblich ist, das gab es in der Bibel nicht. Nicht bei der Hochzeit, sondern bei der Verlobung war der Brautpreis fällig. Der war kein Kaufpreis, sondern eine Absicherung des Eides des Verlobten. Das heißt, der Brautpreis gehörte nicht dem Vater des Mädchens, sondern seiner verlobten Tochter und diente dazu, die Versorgung der Braut sicherzustellen, falls der Ehemann sie doch entlassen oder sie schlecht behandeln sollte. So war die Braut also mit eigenen Mitteln ausgestattet, über die der Mann nicht verfügen durfte (vgl. 1. Mose 24,59; 29,24+29; Josua 15,18ff; Richter 1,14ff; 1. Könige 9,16).

Pastor Mertin:

Wenn man das auf sich wirken lässt, stellt man fest, dass die soziale Absicherung der Frau keine Erfindung der sogenannten Gleichberechtigung unserer Zeit ist.

Heute werden der Brautpreis und die Mitgift oft belächelt. Aber die modernen Unterhaltszahlungen nach Scheidungen sind ein schlechter Ersatz. Denn wie oft leiden Frauen hinterher unter der miesen Zahlungsmoral der Männer und müssen oft vor Gericht um ihre Rechte kämpfen.

Die Bibel jedoch lässt den Mann bereits bei der Verlobung zahlen und legt dann schon die eventuell später benötigten Unterhaltsmittel in die Hände der Frau. Sie war also kein rechtloses Wesen ohne jeden Anspruch, sondern Gott stellte sie unter einen sozialen und rechtlichen Schutz, der auch heute noch seinesgleichen sucht. Die Bibel ist also moderner.

Pastor Wegert:

Ja, die Bibel ist moderner. Wir tun heute so, als hätten wir das Sozialwesen erfunden. Aber schauen wir und hören wir, was die Bibel sagt.

Zudem hatte die Verlobung rechtlich bereits eine so feste Verbindlichkeit, dass die Bibel die Verlobte nicht selten auch schon als „Frau" bezeichnet. So lesen wir zum Beispiel über Maria und Josef: *„Als nämlich Maria, seine Mutter, dem Josef verlobt war, wurde sie, ehe sie zusammengekommen waren, schwanger befunden von dem Heiligen Geist. Josef aber, ihr Mann, der gerecht war und sie nicht öffentlich bloßstellen wollte, gedachte sie heimlich zu entlassen. Während er dies aber überlegte, siehe, da erschien ihm ein Engel des Herrn im Traum und sprach: Josef, Sohn Davids, fürchte dich nicht, Maria, deine Frau, zu dir zu nehmen"* (Matthäus 1,18-20; Elb).

Die Verlobungsbindung war rechtlich also so fest, dass die Verlobten schon als Mann und Frau bezeichnet wurden, wiewohl sie noch nicht ein Fleisch waren. Das wurden sie erst am Tage der Heimholung, nämlich dem Fest ihrer Hochzeit.

Schlussfolgerungen daraus

Pastor Mertin:

Welche praktischen Schlussfolgerungen können wir denn für uns heute daraus ziehen?

Pastor Wegert:

Das ist eine wichtige Frage. Wir sollten erkennen, dass Verlobung und Ehe ein heiliges Gleichnis für die Beziehung darstellt, die Jesus mit Seiner Gemeinde hat. Darum sollte Verlobung in unserem Denken eine ganz andere Gewichtung bekommen.

Ihr jungen Leute solltet sie nicht mehr im heimlichen Schnellverfahren, so quasi als Überraschungsgag, in Szene setzen. Ihr solltet euch darüber im Klaren sein, dass die Verlobung vor Gott genau so wichtig ist wie die Hochzeit. Sie ist die entscheidende Voraussetzung für die Hochzeit.

Darum, wenn ihr eins geworden seid, euch zu verloben, stellt eure Absicht mit allem Ernst euren geistlichen Leitern vor. Besprecht euer Vorhaben mit euren Eltern und besonders mit euren Pastoren, sodass sie die tiefe Bedeutung eines solchen Schrittes mit euch gemeinsam bedenken und mit euch beten. Anschließend solltet ihr euch vor die Gemeinde stellen und öffentlich euren Verlobungssegen begehren.

Denn Verlobung und Eheschließung ist keine Privatsache. Sie gehören beide in die Gemeinde, nämlich dorthin, wo Christus wohnt. Denn Er ist das Haupt der Gemeinde. Vor Ihm und vor euren geistlichen Brüdern und Schwestern als Zeugen legt ihr euer Gelübde ab. Die Gemeinde ist der Altar Gottes, die heilige Gesellschaft und Familie des Herrn. Ihr heiratet nicht vor der Obrigkeit, sondern ihr heiratet vor dem Herrn und in dem Herrn.

Es kommt mitunter vor, dass Christen zum Standesamt gehen und der Gemeinde hinterher ganz überraschend bekanntgeben, dass sie nun verheiratet sind und sich dazu noch eine Segnung durch die Gemeinde wünschen, quasi als gutes Anhängsel. Ich tadele solche christlichen Paare nicht. Wahrscheinlich wussten sie es nicht besser. Darum haben die Ältesten der ARCHE-Gemeinde folgende Erklärung formuliert. Lies sie doch bitte einmal vor, Andy.

Pastor Mertin:

Wir möchten als Ältestenschaft die Mitglieder unserer Gemeinde dahingehend unterweisen, biblisch und Gott wohlgefällig ihre Ehe zu schließen. Jeder, der das anstrebt, wird sich standesamtlich trauen lassen, sich aber erst dann als verheiratet verstehen, nachdem er auch vor Gott und den gegenwärtigen Zeugen in der Gemeinde der Heiligen sein Ja-Wort und sein Treueversprechen „bis dass der Tod uns scheidet" gegeben und den anschließenden Segen empfangen hat.

Ist das eine Spezialität der ARCHE? Oder sollte das auch für andere Gemeinden gelten?

Pastor Wegert:

Das liegt an jeder Gemeinde selbst, wiewohl wir glauben, dass diese Erklärung der Heiligen Schrift entspricht und deshalb für alle gelten kann.

Wenn wir den Weg in die Ehe in Gott wohlgefälliger Weise gehen möchten, dann gehen wir den Weg der Bibel, dann wollen wir mit unserem Handeln ein Gleichnis auf Christus und Seine Gemeinde sein. Vor dem Standesbeamten regeln wir lediglich unsere Beziehung zum Staat, aber nicht unsere Beziehung zu Gott.

Kein Standesbeamter bescheinigt eine Eheschließung nach den Kriterien der Bibel. Von keinem Brautpaar wird dort verlangt, Treue zu geloben, „bis der Tod euch scheidet". Wir gehen selbstverständlich zum Standesamt, aber als verheiratet sehen wir uns erst an, wenn wir die Braut vor Gott und Seiner Gemeinde am Tage der Hochzeit heimholen und unser Verlobungsgelübde vor Gott einlösen und bekräftigen.

So wollen wir es als Christen mit Verlobung und Eheschließung halten und damit auch ein Beispiel in unserer Gesellschaft geben, wie man in gottgewollter, gesunder Weise Freundschaft, Verlobung und Ehe leben kann. Gott helfe uns dazu!

Ich möchte dich bitten, Andy, für Menschen, die verliebt oder befreundet, verlobt oder auch verheiratet sind, in dieser Sache noch zu beten.

Pastor Mertin:

Das will ich gerne tun: Lieber Herr, ich möchte Dich bitten, dass Du all diesen lieben Menschen hilfst, auch gehorsam zu sein Deinem Wort gegenüber, dass Du sie segnest auf ihrem Weg in die Ehe hinein, auch schon in der Verlobung, wie wir gehört haben. Segne diesen wichtigen Schritt. Amen.

Pastor Wegert:

Amen.

Liebe – so stark wie der Tod

Pastor Mertin:

Wir haben bei den bisherigen Themen gesehen, dass Gott die Ehe nicht nur zur Abhilfe vom Alleinsein, zur sexuellen Freude und zum Kinderkriegen geschaffen hat, sondern ganz besonders deshalb, weil Er von Anfang an ein Beispiel für Christus und Seine Gemeinde demonstrieren wollte.

Dies blieb in den Zeiten des Alten Testaments ein Geheimnis. Aber als Christus die Gemeinde offenbarte, konnte Paulus bezüglich der christlichen Ehe schreiben: *„Dies Geheimnis ist groß; ich deute es aber auf Christus und die Gemeinde" (Epheser 5,32).*

Wir sollen uns also bewusst machen, dass wir täglich am Beispiel unserer Ehe die Beziehung von Jesus und Seiner Gemeinde leben dürfen. Und das Verhältnis Christi zu Seiner Gemeinde wird von einer nie endenden Liebe geprägt.

Ich lese dazu einen Bibeltext aus dem Hohelied: *„Lege mich wie ein Siegel auf dein Herz, wie ein Siegel auf deinen Arm. Denn Liebe ist stark wie der Tod und Leidenschaft unwiderstehlich wie das Totenreich. Ihre Glut ist feurig und eine Flamme des HERRN, sodass auch viele Wasser die Liebe nicht auslöschen und Ströme sie nicht ertränken können. Wenn einer alles Gut in seinem Hause um die Liebe geben wollte, so könnte das alles nicht genügen" (Hohelied 8,6-7).*

Hier lesen wir: Die Liebe zwischen zwei Eheleuten ist stark wie der Tod. Salomo beschreibt mit diesen Worten, nachdem er über mehrere Kapitel hinweg die sehnsuchtsvolle Freundschaft der beiden Verliebten geschildert hat, den Vollzug ihrer Ehe.[1] Und dieses intime Eheglück schildern unsere Verse – so sagen es viele glaubwürdige Bibelausleger[2]. Anhand dieser Beschrei-

---

[1] Vgl. die Fußnote in der John MacArthur Studienbibel zu Hohelied 8,5. CLV: Bielefeld, 2002.
[2] Vgl. C.G. Mahaney. Sex, Romance, and the Glory of God: What Every Christian Husband Needs to Know. Crossway: Weathon, IL, 2004. S. 91-93.

bung wollen wir jetzt lernen, was die Bibel unter ehelicher Liebe versteht.

Pastor Wegert, was bedeutet das nun genau: *„Liebe ist stark wie der Tod"*?

Die Liebe hört niemals auf

Pastor Wegert:

Das ist ein starkes Wort, ein biblisches Wort. Es bedeutet Folgendes: Wie alles schließlich vom Tod überwunden wird, wird auch alles im Leben einer christlichen Ehe von der Liebe überwunden. Das heißt, sie überdauert, sie bleibt. Genauso ist die Liebe Jesu zu Seinem auserwählten Volk: Sie hört niemals auf. Von Jesus und Seinen Jüngern heißt es: *„Und wie er die Seinen geliebt hatte, die in der Welt waren, so liebte er sie bis ans Ende" (Johannes 13,1)*.

Liebe bis ans Ende kennzeichnete die Beziehung Christi zu den Seinen. Analog dazu ist eine Ehe ebenfalls durch Liebe bis ans Ende gekennzeichnet. Schon durch den Propheten Jeremia lässt Gott die Liebe des Christus zu Seiner Brautgemeinde deutlich werden: *„Mit ewiger Liebe habe ich dich geliebt; darum habe ich dir meine Gnade so lange bewahrt!" (Jeremia 31,3; Sch)*.

Weil die Liebe zu den Kindern Gottes ewig währt, darum *„hört die Liebe niemals auf"* – so heißt es in 1. Korinther 13,8. Deshalb beschreibt der Apostel Paulus auch, dass uns nichts scheiden kann von der Liebe Gottes, auch nicht der Tod (Römer 8,38-39). Und diese unerschütterliche göttliche Liebe Christi zu Seinen Auserwählten soll das Kennzeichen einer biblischen Ehe sein.

Diese Liebe zwischen Mann und Frau, die sowohl die erotische als auch geistliche Liebe umfasst, ist ein Geheimnis. Darum staunt Salomo in den Sprüchen: *„Drei sind mir zu wundersam, und vier verstehe ich nicht: des Adlers Weg am Himmel, der Schlange Weg auf dem Felsen, des Schiffes Weg mitten im Meer und des Mannes Weg beim Weibe" (Sprüche 30,18-19)*.

Unser Textwort bezeichnet diese geheimnisvolle eheliche Liebe als eine *„Flamme des HERRN"*. Diese Flamme des Herrn ist das Feuer, das eine Ehe zusammenhält. Es ist eine Liebe von Gott, die den Kindern Gottes gegeben wird, dass sie in herzlicher Zuneigung zusammenbleiben, bis der Tod sie scheidet. Weil das Original, nämlich Christus und Seine Gemeinde, durch eine ewige, unzertrennliche Liebe verbunden ist, soll auch die Abbildung davon in der christlichen Ehe von einer unzertrennlichen Liebe gekennzeichnet sein.

Pastor Mertin:

Bedeutet das dann, dass eine Scheidung für Christen ausgeschlossen ist?

Pastor Wegert:

Du bringst es immer gleich auf den Punkt. Aber recht hast du. Das heißt es nämlich. Im Klartext: Eine Ehe ist vor Gott unauflöslich. Diese Wahrheit erschreckte sogar die Jünger sehr. Denn Jesus sagte: *„Wer seine Frau entlässt, es sei denn wegen Unzucht, und eine andere heiratet, der bricht die Ehe; und wer eine Geschiedene heiratet, der bricht die Ehe" (Matthäus 19,9; Sch2000).*

Spurgeon schreibt in seiner Matthäus-Auslegung Folgendes dazu. Bitte lies uns dieses hochinteressante Zitat von Spurgeon einmal vor, Andy.

Pastor Mertin:

Spurgeon schreibt: „... auf Hurerei hin kann das Eheband gelöst werden, aber in keinem anderen Fall. Jede andere Scheidung ist vor dem Gesetz Gottes null und nichtig und führt die, die darauf hin handeln, zu dem Verbrechen des Ehebruchs. Wer die Abgeschiedene freit, der bricht die Ehe, da sie nicht wirklich geschieden ist, sondern die Frau ihres früheren Ehemannes bleibt. ... Personen, die einmal verheiratet sind", schreibt er weiter, „sind in den Augen Gottes fürs ganze Leben verheiratet."[3]

---

[3] Charles H. Spurgeon. Das Evangelium des Reiches (Auslegung des Matthäusevangeliums). Oncken-Verlag: Hamburg, 1894. S. 185

Pastor Wegert:

So ist das. Das ist das Statement, das ist das Zeugnis der Heiligen Schrift. Und Spurgeon legt es genau dementsprechend aus. Das heißt, nach den Worten Jesu und nach der Auslegung von Spurgeon soll es unter Christen nicht den Fall geben, dass sie sich einfach wegen eines sogenannten „Auseinanderlebens" scheiden lassen – so nach dem Motto: „Wir lieben uns nicht mehr", „wir passen einfach nicht mehr zusammen" oder „so, wie er heute ist, habe ich ihn damals nicht geheiratet".

Wenngleich sich solche Ehepaare vor dem Standesamt scheiden lassen können, sind sie vor Gott dennoch nicht geschieden. Und wer eine so äußerlich Geschiedene heiratet, bricht die Ehe mit ihr, weil sie vor Gott immer noch als verheiratet gilt.

Dass Jesus das so gemeint hat, wie Er es gesagt hat, geht übrigens auch aus der Reaktion der Jünger hervor, die seufzen: *„Wenn ein Mann solche Pflichten gegen seine Frau hat, so ist es nicht gut, zu heiraten!" (Matthäus 19,10).*

Pastor Mertin:

Nun gibt es aber doch auch ganz besondere Härtefälle, zum Beispiel wenn ein Mann seine Frau immer wieder misshandelt, sogar mit dem Tod bedroht. Wie soll man sich dann verhalten?

Pastor Wegert:

Da gibt es jetzt möglicherweise einige Varianten. Und ich weiß, dass bei einer solchen Grenzziehung jeder seine eigene Lebensgeschichte sieht und sich fragt, ob man das nicht auch anders sehen kann. Ich gebe dir recht: Jeder Fall sollte letztendlich seelsorgerlich besprochen und nicht pauschal behandelt werden. Und schon gar nicht hat irgend jemand das Recht – auch ich nicht –, mit Steinen auf andere zu werfen. Denn wer von uns ist ohne Sünde?

Die Liebe spricht nicht von Scheidung

Dennoch bleiben die Worte Jesu stehen. Denn Er will uns klarmachen, wie Gott die Ehe sieht. Sie soll ein Bild auf Seine nie endende Liebe sein. Das dürfen wir – anders als die Gottlosen – immer wieder vor Augen haben, wenn wir verheiratet sind oder uns verheiraten wollen. Wie Jesus Seine Gemeinde liebt und in ihr auch die Liebe zu Ihm erhält, so dürfen auch wir uns durch die Gnade Gottes als Eheleute lieben, bis dass der Tod uns scheidet. Darum ist Scheidung für Gotteskinder keine Option.

Pastor Mertin:

Leider geraten dennoch christliche Ehepaare immer wieder in ganz große Nöte. Woran liegt es denn, wenn auch immer mehr Christen sich trennen? Gibt es einen Ausweg?

Pastor Wegert:

Danke, Andy, für den Hinweis. Es ist in der Tat erschreckend, wie schnell auch bei Christen der Satz fällt: „Dann lasse ich mich scheiden!" Aber die eheliche Liebe zweier wiedergeborener Menschen spricht einen solchen Satz nicht aus, sondern sie lernen immer wieder neu die Anwendung des Evangeliums.

Anhand eines kleinen alltäglichen Beispiels will ich zeigen, wie schnell man am Ziel des Evangeliums vorbeischießen kann. Ein christliches Ehepaar hat sich von Herzen lieb. Aber jeder möchte auch, dass der andere auf seine Bedürfnisse eingeht. Das klappt nicht immer. Frust stellt sich ein, und unschöne Worte fallen. Sie verstehen sich nicht mehr und reden von Scheidung.

Sie gehen zur Eheberatung, in der ihnen einige Verhaltenstipps gegeben werden: Sie sollen einander Raum zu mehr Selbstverwirklichung lassen. Der Ehemann soll seiner Frau öfter mal Blumen schenken, und sie sollte abends ab und zu mal eine Kerze anzünden. So oder ähnlich arbeiten nun beide hart an ihrer Ehe. Sie versuchen, was sie können. Sie beachten die verabredeten Regeln und die vom Therapeuten vorgeschlagenen Verhaltensmaßnahmen.

Ist das aber das Evangelium? Nein! Bei Licht besehen ist es Gesetz. Das ist Regel, das ist guter Vorsatz, Anstrengung und gutes Werk. Aber durch Gesetzeswerke, sagt die Bibel, kann kein Mensch selig und auch kein christliches Ehepaar glücklich werden.

Inwiefern haben unsere beiden das Evangelium vergessen? Sie bedenken nicht, dass sie bei ihrer Trauung einem Sünder das Ja-Wort gegeben haben und dass sie selber ein noch größerer Sünder sind – wie Paulus auch von sich selbst gesagt hat (1. Timotheus 1,15).

Pastor Mertin:

Das Unglück fängt also schon an, wenn wir ausblenden, was unser größtes Eheproblem ist. Es ist nicht zu wenig Geld, zu viel Unterschiedlichkeit, zu wenig Zeit oder zu wenig Romantik! Nein, die Wurzel des Übels ist unser sündiges Herz, aus dem die unreinen Gedanken kommen, die selbstsüchtigen Wünsche, die üble Laune, die harschen Worte.

Und da ein modernes Christentum das altmodische Wort „Sünde" nicht mehr mag, doktern auch Gläubige nur an den Symptomen herum. Man schreibt das Evangelium einfach um und sagt, Jesus sei gekommen, unsere Probleme zu lösen. Aber die Wahrheit ist, dass Jesus gekommen ist, Sünder zu retten (1. Timotheus 1,15). Wir sehen, wie schnell wir unbemerkt ein anderes Evangelium bekommen.

Das heißt, richtig verstanden: Das Evangelium ist ausreichend, zerrüttete Ehen wiederherzustellen.

Pastor Wegert:

Ja! Und darum geht es auch bei unserem jetzigen Thema, dass wir als Ehepaare wieder ganz neu verstehen, was das Evangelium für uns im Alltag der Ehe bedeutet.

Ich bin davon überzeugt, dass das Evangelium die Kraft hat, uns zu helfen. Wenn wir unseren Stolz ablegen und ehrlich mit uns selbst sind, kommt die verändernde Kraft des Evangeliums in unser Leben. Dem Aufrichtigen lässt es Gott doch gelingen (Sprüche 2,7).

Ich habe dazu eine interessante Geschichte gefunden: „Als die *Times* einmal eine Reihe von Schriftstellern bat, einen Aufsatz zum Thema: ‚Was stimmt nicht mit der Welt?' zu schreiben, schickte Chesterton die kürzeste und präziseste Antwort ein:

Sehr geehrte Damen und Herren,
Ich.
Mit freundlichen Grüßen
G. K. Chesterton"[4]

Er sah nicht die Schuld der anderen, sondern seine eigene Boshaftigkeit, an der die Welt leidet.

Wenn wir immer nur den Splitter im Auge des anderen und nicht den Balken in unserem eigenen Auge sehen, haben wir vom Evangelium noch nicht viel begriffen. Und solange unsere beiden Ehepartner noch in ihrem Selbstmitleid stecken und nicht jeder sich selbst als die wirkliche Ursache ihrer Zerrüttung betrachtet, können sie die Bedeutung des Kreuzes nicht erfassen. Denn wem die eigene Sünde nie bitter geworden ist, dem wird Christus auch niemals süß sein. Wer seine Sünde leicht nimmt, nimmt auch den Gekreuzigten leicht. Denn wem wenig vergeben ist, der wird auch nur wenig lieben.

Darum bitte ich euch, ihr lieben Ehepaare: Macht das alte Evangelium, das Kreuz von Golgatha wieder zur Mitte eurer Gemeinschaft. Lebt täglich aus Zerbruch und Gnade, aus Buße und Vergebung. Das geht nicht ohne Tränen und nicht ohne Schmerz – darüber bin ich mir im Klaren. Das beugt und zerschlägt, aber bringt köstlichen Trost und unsagbare Freude und Wonne. Das gilt nicht nur für die Ehe, sondern für alle Bereiche des Lebens. Und deshalb: Gott segne euch! In Jesu Namen. Amen!

---

[4] Philip Yancey. Warum ich heute noch glaube. R. Brockhaus Verlag: Wuppertal, 2002. S. 69 (Original: Soul Survivor. Doubleday: New York, 2001).

Die Liebe – eine Flamme des Herrn

Pastor Mertin:

Das letzte Mal hatten wir über das Thema: „Die Liebe – so stark wie der Tod" gesprochen. Hier noch einmal unser Ausgangstext aus dem Hohelied: *„Lege mich wie ein Siegel auf dein Herz, wie ein Siegel auf deinen Arm. Denn Liebe ist stark wie der Tod und Leidenschaft unwiderstehlich wie das Totenreich. Ihre Glut ist feurig und eine Flamme des HERRN, sodass auch viele Wasser die Liebe nicht auslöschen und Ströme sie nicht ertränken können. Wenn einer alles Gut in seinem Haus um die Liebe geben wollte, so könnte das alles nicht genügen"* *(Hohelied 8,6-7).*

Zuletzt haben wir gehört, wie Gott die Ehe sieht. Sie ist ein Bild auf Seine niemals endende Liebe zu Seiner Gemeinde. So wie Jesus Seine Gemeinde liebt und in ihr auch die Liebe zu Ihm erhält, so dürfen wir durch die Gnade Gottes auch uns als Eheleute lieben, bis dass der Tod uns scheidet.

Jetzt wollen wir darüber sprechen, was die eheliche Liebe so besonders und exklusiv macht. Die gelesenen Verse beschreiben das mit sehr starken Worten.

Pastor Wegert, ist das so? Oder haben wir es hier mit einer Frau zu tun, die ihre Gefühle gar nicht so richtig im Griff hat, die zu emotional ist?

Pastor Wegert:

Ja, es ist eine Frau, die bis über beide Ohren verliebt ist und deren Sprache mit ihr durchgeht: Die Liebe ist wie eine Flamme des Herrn, sie ist so stark wie der Tod. Ja, das ist sehr poetisch. An zwei Stellen im Hohelied sagt Sulamith auch noch, dass sie krank ist vor Liebe. Aber: Das alles sind nicht Gefühlsausbrüche oberflächlicher Verliebtheit, sondern Sulamith beschreibt in unserem Text, wie kostbar ihr die eheliche Liebe wirklich ist und was sie ihr bedeutet, indem sie starke Worte gebraucht und klare Bilder benutzt.

Noch liebkosend stützt sie sich auf den Mann ihres Lebens und flüstert ihm voller Zärtlichkeit zu: *„Lege mich wie ein Siegel auf dein Herz, wie ein Siegel auf deinen Arm" (Hohelied 8,6)*. Damit drückte sie aus: „Ich bin das Siegel meines Mannes."

Sie ist eine Bundesliebe

Uns verbindet nicht nur äußerlich ein Siegelring, ein Ehering. Sondern uns verbindet eine exklusive Liebe, eine Bundesliebe, die es nur und ausschließlich zwischen uns beiden gibt.

Ihre Botschaft an uns ist: Die Liebe zwischen zwei Eheleuten ist so einzigartig, dass sie mit keiner Liebe verglichen werden kann, die es sonst noch auf der Welt gibt. Sie ist kostbarer als der erlesenste Edelstein. Deine Liebe zu deinem Ehemann beziehungsweise zu deiner Ehefrau kann nur mit der heiligen Bundesliebe Christi zu Seiner Gemeinde verglichen werden. Und genauso heilig und einmalig ist auch eure Liebe. Es besteht eine Bundesliebe zwischen euch und keinem anderen.

Pastor Mertin:

Das könnte man mit folgender Illustration erläutern: Jemand sagt zu dem Vater eines ausgesprochen süßen, kleinen Mädchens: „Na, dein hübsches Töchterchen ist für dich wohl wie dein Augapfel?" Mit anderen Worten: „Sie ist für dich wohl deine große Liebe!" Der Vater antwortet: „Nein, mein Augapfel und meine große Liebe, das ist niemand anders als meine Frau allein!"

Pastor Wegert:

Dieser Mann bringt es auf den Punkt, Andy. Mutterliebe, Kinderliebe, Bruderliebe, Freundschafts- und Nächstenliebe – das alles ist sehr gut, das ist alles wichtig! Aber nichts geht über die Liebe eines Mannes zu seiner Frau. Keine Liebe ist so innig, so intim, so himmlisch wie die Bundesliebe zweier Menschen. Liebe dein Kind, deine Mutter, deinen Bruder. Aber liebe niemanden so wie deine Frau, beziehungsweise deinen Mann. Sie oder er muss dir außer Gott das Liebste sein, was du hast, das Teuerste und das Vertrauteste. Zu keinem Geschöpf auf Erden solltest du eine tiefere Beziehung haben als zu deinem Ehepartner.

Prüfe einmal dein Herz. Liebst du deine Frau über alles? Ist sie der Siegelring auf deinem Herzen? Trägst du deinen Ehering auf deinem Finger als eindeutiges Zeichen für die alles überragende Liebe zu deiner Frau beziehungsweise zu deinem Mann? Ist dein Ehepartner deine größte Leidenschaft, deine größte Passion? Oder hast du noch anderes, außer Jesus Christus, was dir noch wichtiger ist?

Sie ist eine Flamme des Herrn

Bitte Gott jetzt um diese eheliche Liebe, um diese Flamme des Herrn, die unauslöschlich ist.

Und damit sind wir auch schon beim nächsten Punkt. Sulamith beschreibt die eheliche Liebe weiter mit folgenden Worten: *„Die Liebe ist ... eine Flamme des Herrn, sodass auch viele Wasser die Liebe nicht auslöschen und Ströme sie nicht ertränken können."*

Andy, stimmt das, dass die Liebe so stark und unauslöschlich sein kann?

__Pastor Mertin:__

Im Alltag ist nicht immer alles eitel Sonnenschein. Wir wissen, dass es im Laufe der Ehejahre allerlei Krisen gibt. Es gibt auch zwischen christlichen Eheleuten Konflikte, manchmal auch sehr ernste. Da sind allerlei Versuchungen, Eifersüchteleien, Meinungsverschiedenheiten und charakterliche Unarten, die dem anderen auf die Nerven gehen.

Dann gibt es in der Ehe nicht selten auch Finanzprobleme, Kindersorgen, Krankheit, allerlei Gebrechlichkeit und unerfüllte Erwartungen. Frust macht sich breit, auch im Ehebett. Und tatsächlich, man lebt sich irgendwie auseinander.

Manchmal ist dann bald auch ein anderer Mensch da, der viel attraktiver erscheint und wesentlich mehr Charme besitzt. Für Ungläubige ist jetzt klar: Sie gehen auseinander. Viele fühlen sich sowieso nur als ‚Lebensabschnittspartner'. Und Christen? Was tun sie?

Pastor Wegert:

Auch sie sollten sich darauf besinnen, was in ihrer wiedergeborenen Seele schlummert – nämlich die Flamme des Herrn. Vielleicht ist sie nur noch ein glimmender Docht. Aber Gott selbst hatte in euch beiden einmal die kostbare Bundesliebe für eure Ehe entzündet. Sie war und ist eine andere Liebe, als die Welt sie hat. Die Liebe, die Er euch gegeben hat, ist nämlich, wie wir gelesen haben, stark wie der Tod. Sie ist stärker als alles. Hört, was Sulamith von eurer Liebe rühmt: *„Sie ist ... eine Flamme des HERRN, sodass auch viele Wasser die Liebe nicht auslöschen und Ströme sie nicht ertränken können."*

Viele Wasser haben sich über das Feuer eurer Liebe ergossen, und viele Ströme wollten eure Liebe ertränken. Aber die Liebe, die Gott in euer wiedergeborenes Herz gelegt hat, kann weder von Wassern noch von Strömen ausgelöscht werden. Gott legt die eheliche Liebe nicht auf ein ganzes Leben an, ohne dass Er Brennholz für sie liefert.

Besinne dich darauf, was Gott dir bei deiner Bekehrung gegeben hat! Er gab dir den Heiligen Geist und versprach dir, dass Er immer bei dir bleiben wird. Er gab dir die Verheißung, dass Er dir treu bleiben wird, auch wenn du schwierig werden wirst und wenn du versagst. Er schwor dir, dich dennoch nicht zu verlassen, sondern für immer an dir festzuhalten.

Und diese Flamme der göttlichen Liebe brennt tief auch in deinem Innern für deinen Ehepartner. Du fühlst sie nicht, aber sie ist da. Denn Christus ist in deinem Herzen. Er ist durch Seine Liebe in dir eine gewaltige Macht, eine Flamme des Herrn, die auch viele Wasser nicht auslöschen kann. Glaube an den Christus in dir, dem alle Macht gegeben ist im Himmel und auf Erden und auch in deiner Ehe. Jesus in deinem Herzen ist die Kraft. Der Heilige Geist in deinem Herzen ist das Feuer deiner Liebe.

Pastor Mertin:

Ich habe in einem Buch von dem amerikanischen Pastor C.J. Mahaney eine beeindruckende Geschichte gelesen, und zwar von einem frischgebackenen, glücklichen Ehepaar namens Benjamin und Anne Warfield.[5] Sie waren von Amerika aus in Deutschland auf Hochzeitsreise. Ein plötzliches Gewitter war aufgekommen, und Anne wurde vom Blitz getroffen, und zwar so, dass sie von demselben Augenblick an dauerhaft gelähmt war. Die Ehe des jungvermählten Amerikaners bestand von dem Tag an 39 lange Jahre darin, seine Frau zu pflegen, die nie mehr das Haus verlassen konnte. Er selbst konnte während all der Zeit keinen Tag länger als zwei Stunden von ihr weggehen. Das bewirkt diese Flamme der göttlichen Liebe.

Pastor Wegert:

Ja, ein zu Herzen gehendes Beispiel, wie stark die Liebe zweier Menschen sein kann, Andy. Das bewegt auch unsere Herzen. Ich habe diese Geschichte auch gelesen, und ich habe mich manchmal mit meiner Gertrud unterhalten, dass wir unseren ehelichen Treueschwur doch auch dann einhalten möchten, wenn einer von uns einmal schwer krank werden sollte.

Nach vierzig Jahren Ehe mussten wir uns das, Gott sei gedankt, noch nicht beweisen. Wir durften gesund sein. Aber Anne Warfield war 39 Jahre ein Pflegefall, und Benjamin Warfield liebte sie bis zu ihrem Tode. Er schrieb geistliche Bücher und mochte ganz besonders Römer 8,28: *„Wir wissen aber, dass denen, die Gott lieben, alle Dinge zum Besten dienen, denen, die nach seinem Ratschluss berufen sind."*

Manchmal habe ich Männer sagen hören, dass sie ihre Frau während der Schwangerschaft nicht besonders schön finden. Das ist für sie bereits ein Grund, einen Seitensprung zu unternehmen. Aber ich habe auch andere sagen hören, dass sie ihre Frau, wenn sie ein Baby unter ihrem Herzen trug, besonders schön fanden und sie verehrten und ihr dankten, dass sie bereit war, die Mutter ihres Kindes zu werden. Schön ist nicht unbedingt das, was die Diät-, Kosmetik- und Modeindustrie vorschreibt. Sondern schön ist das, was die Liebe, die Flamme des Herrn, in einem Menschen entdeckt.

Stelle deine 55-jährige Frau doch einmal neben die Miss World. Welche von beiden ist die Schönste? Die junge Dame

---

[5] C.J. Mahaney. Sex, Romance, and the Glory of God. a.a.O. S. 98

mit ihren idealen Körpermaßen mag objektiv vielleicht schöner aussehen. Aber wenn die eheliche Liebe vom Herrn in deinem Herzen wohnt, dann gefällt dir nur eine, nämlich deine Frau. Ihr etwas gealtertes Gesicht, ihre faltigen Hände, ihr graues Haar, das alles sind Spuren einer langen, aufopferungsvollen Liebe, die auch von vielen Wassern und Wasserströmen nicht ausgelöscht werden kann.

Die Bundesliebe zwischen Mann und Frau ist so köstlich, dass sie mit zunehmendem Alter nicht abnimmt, sondern immer herrlicher wird, bis dass der Tod sie scheidet. Und dann vergießen wir Tränen ohne Ende um einen Menschen, den wir ein Leben lang geliebt haben. Dann trauern wir und haben Schmerzen um den allerliebsten Menschen, der uns hier auf Erden begegnet ist.

Mein Appell an alle Ehepaare: Entdeckt das göttliche Geschenk und das Glück eurer Ehe und reicht euch heute noch einmal die Hand wie damals. Tretet wegen eurer Probleme nicht den Rückzug an, geht nicht auseinander, sondern glaubt an die Liebe, die Flamme des Herrn. Sagt heute zueinander wie Sulamith: *„Lege mich wie ein Siegel auf dein Herz, wie ein Siegel auf deinen Arm. Denn die Liebe ist stark wie der Tod. ... Ihre Glut ist feurig und eine Flamme des HERRN, sodass auch viele Wasser die Liebe nicht auslöschen und Ströme sie nicht ertränken können."*

Das schenke euch der Herr durch Seine Gnade und lasst mich jetzt für euch beten: Vater im Himmel, in Jesu Namen lass diese Botschaft tief in die Herzen derer hineinfallen, die das jetzt lesen, und lass Deine Liebe in ihren Herzen so stark sein, dass sie niemals aufhört. In Jesu Namen. Amen!

Der Segen, Single zu sein

Pastor Mertin:

Nachdem wir über Freundschaft, Verlobung, Ehe und Familie viel gesagt haben, wollen wir jetzt einmal über das Ledigsein sprechen. Ledige nennt man ja auch „Singles". Es geht also um Christen, die nie verheiratet waren, deren Ehepartner verstorben ist oder die geschieden sind.

Vor dem Hintergrund der eigenen Erfahrung könnten Singles sich gewiss besser mit dieser Thematik befassen als wir, da wir verheiratet sind. Aber ein Arzt muss ja auch nicht alle Krankheiten selbst gehabt haben, um sie gut behandeln zu können. Und vor allem wollen wir uns nicht an den Erfahrungen ausrichten, die der eine oder andere gemacht hat, sondern an den objektiven Aussagen der Heiligen Schrift, die uns allein wirklich weiterhelfen können.

An den Anfang möchte ich einen Text aus dem 1. Korintherbrief stellen: *„Nur soll jeder so leben, wie der Herr es ihm zugemessen, wie Gott einen jeden berufen hat. Und so ordne ich es an in allen Gemeinden" (1. Korinther 7,17).*

Pastor, wie ist nun dieser Vers auf das Leben als Single zu beziehen?

Die Ehe – nicht das wahre Ziel des Lebens

Pastor Wegert:

Zunächst einmal macht Paulus deutlich, dass die Ehe niemals das höchste Lebensziel eines Christen sein kann. William Booth, der Gründer der Heilsarmee, soll einmal gesagt haben: „Redet euren Töchtern nie ein, dass die Ehe das vorrangige Ziel im Leben sei!" Es wird unter Christen manchmal so getan, als gäbe es nichts Höheres im Leben als eine Hochzeit und als könne man unverheiratet nicht wirklich glücklich sein.

Ich erinnere mich an einen jungen Mann, der jeden Sonntag nach dem Gottesdienst zu mir kam und mir über seine Probleme berichtete. Sein Leben wollte ihm nicht gelingen, und auch geistlich kam er nicht weiter. Jedes Mal sagte er zu mir: „Pastor

Wegert, wenn ich eine Frau hätte, wäre alles anders. Beten Sie, dass ich eine Frau bekomme!"

Dann endlich lernte er eine junge Frau kennen und heiratete sie. Aber es war von Anfang an eine verkrampfte Geschichte, und viele in der Gemeinde betrachteten diese Ehe mit Sorge. Leider gab es bald Streit, und die beiden Eheleute hassten und schlugen sich. Nach einiger Zeit kam der Mann wieder zu mir und jammerte: „Eine Frau zu haben, hat mir doch nicht geholfen!" Nach einer mehrjährigen Zerrüttungsphase ging man schließlich auseinander.

Das war mir ein deutlicher Hinweis darauf, dass die Ehe nicht die alles entscheidende Antwort auf die Probleme alleinstehender Menschen sein kann.

Pastor Mertin:

Also findet man seine Lebenserfüllung nicht in einem Partner, sondern allein in Jesus.

Pastor Wegert:

So ist es!

Pastor Mertin:

In den Psalmen lesen wir: *„Wenn ich nur dich habe, so frage ich nichts nach Himmel und Erde. Wenn mir gleich Leib und Seele verschmachtet, so bist du doch, Gott, allezeit meines Herzens Trost und mein Teil" (Psalm 73,25-26).*

Pastor Wegert:

Das heißt, das wahre Ziel unseres Lebens sind nicht Frau und Kinder, sondern ist die Ehre Gottes. Gott selbst und ein Leben zu Seiner Ehre, das sind die höchsten Ziele eines Christen.

Glaube mir, wenn du als Single nicht glücklich bist, dann wirst du das auch nicht, nur weil du einen Ehering am Finger hast. Wenn du als Lediger dein Leben mitsamt deinen Charakterproblemen nicht in den Griff bekommst, wie willst du es schaffen, wenn zusätzlich noch die Schwächen eines Zweiten dazukommen? Paulus warnt sogar Heiratswillige vor der Ehe:

„Solche werden Bedrängnis im Fleisch haben, die ich euch gerne ersparen möchte" (1. Korinther 7,28; Sch2000).

Pastor Mertin:

Und an einer anderen Stelle sagt Paulus auch: *„Ich wollte, alle Menschen wären wie ich"* (1. Korinther 7,7a; Sch2000). Würden nun alle Menschen dem Paulus folgen, dann wären wir doch längst ausgestorben. Ist es nicht so, dass Gott selbst die Ehe gestiftet hat?

Pastor Wegert:

Ja, natürlich und das bleibt auch so. Wiewohl sie eine göttliche Einrichtung und ein besonderer Segen ist, ist sie dennoch nicht das absolute Nonplusultra im Leben eines Gotteskindes, so als ob man ohne sie das Wichtigste im Leben verpasst und nicht glücklich sein kann.

Lebenserfüllung und wahres Glück hängen weder von Dingen noch von Menschen ab, sondern von meiner Beziehung zu Jesus. Wir müssen nämlich aufpassen, dass wir Ehe- und Kinderglück nicht zu heimlichen Götzen machen, von denen unser Leben abhängig ist. Sonst übertreten wir das Gebot des Herrn, das da lautet: *„Du sollst keine anderen Götter haben neben mir. Denn ich, der HERR, dein Gott, bin ein eifernder Gott"* (2. Mose 20,3+5b).

Jeder Stand ist Gnaden-Stand

Wir sehen, Ehe ist nicht alles! Jeder Stand ist ein Stand der Gnade. Wir dürfen lernen, dass Gott selbst es ist, der uns in unsere Lebensverhältnisse hineingestellt hat, und zwar nach Seiner wunderbaren Vorsehung. Diesen Grundsatz teilt uns Paulus an vielen Stellen der Heiligen Schrift mit. Ich möchte den oben von dir erwähnten Vers noch einmal aufgreifen. Vollständig lautet er: *„Ich wollte zwar lieber, alle Menschen wären, wie ich bin, aber jeder hat seine eigene Gabe von Gott, der eine so, der andere so"* (1. Korinther 7,7).

Der Apostel bezeichnet also ledig oder verheiratet zu sein als Gabe Gottes. Er gebraucht hier dasselbe Wort, mit dem er auch die Geistesgaben bezeichnet, nämlich das Wort „Charisma".

Pastor Mertin:

Dann sind ledige Christen also mit einem Charisma von Gott ausgerüstet, mit einer Gabe der Gnade, die ein anderer nicht hat. Ebenso haben auch die Verheirateten ein Charisma erhalten, das andere nicht haben. *„Jeder hat seine eigene Gabe von Gott, der eine so, der andere so"*, haben wir gelesen.

Der Apostel war nicht verheiratet, und er lebte in diesem Stand glücklich und erfüllt. Er nahm seine Lebensverhältnisse aus Gottes Hand und war zufrieden und schrieb: *„Jeder bleibe in dem Stand, darin er berufen worden ist"* *(1. Korinther 7,20; Sch)*. Mit dem Wort „bleiben" will Paulus nicht sagen, dass niemand mehr eine Veränderung in seinen Lebensumständen anstreben sollte. Nein, er will damit nur ausdrücken, dass jeder in ihnen zufrieden sein soll. Das bestätigte schon Vers 17: *„Doch wie der Herr einem jeden zugeteilt hat, wie der Herr einen jeden berufen hat, so wandle er! Und so verordne ich es in allen Gemeinden"* *(1. Korinther 7,17; Sch)*. *„So wandle er"* heißt: „So lebe darin und sei glücklich."

Dass das Bleiben und Wandeln in dem jeweiligen Lebensverhältnis nicht bedeutet, darin lebenslang und starr verharren zu müssen, zeigt das Beispiel der Sklaven, das Paulus uns gibt. *„Bist du als Knecht berufen, so sorge dich nicht; doch kannst du frei werden, so nutze es umso lieber"* *(1. Korinther 7,21)*.

Auf unsere heutige Zeit übertragen heißt es: Bist du angestellt und somit abhängig beschäftigt, dann sei mit deinem Platz zufrieden und fülle ihn gut aus. Hast du aber die Möglichkeit, dich selbständig zu machen, kannst du es gerne tun. Wichtig ist, dass du in jeder Lage zufrieden und deinem Herrn dankbar bist. Und genauso hält es Paulus mit der Hochzeitsfrage.

Pastor Wegert:

Ja, Andy, da stimme ich voll und ganz mit dir überein. Allerdings muss hier noch ein Einschub vorgenommen werden, denn es gibt eine Ausnahme: Ein Christ kann, wenn er aufgrund von Unzucht die Ehe gebrochen und sich hat scheiden lassen, nicht wieder heiraten. Er soll seinen geschiedenen Zustand, den er selbst schuldhaft herbeigeführt hat, akzeptieren und darin auch bleiben. Ihm ist es nicht gestattet, eine andere Frau zu heiraten. Der unschuldige Teil ist frei, aber nicht der schuldige.

Pastor Mertin:

Das ist natürlich eine heiße These! Kannst du das noch etwas biblisch untermauern?

Pastor Wegert:

Das tue ich gerne. Wir müssen das vor dem Hintergrund sehen, dass ein Ehebrecher im Alten Testament nach dem Gesetz Moses als zum Tode verurteilt galt (3. Mose 20,10; 5. Mose 22,22). So gesehen ist der Ehebrecher „tot" für Gott. Er hat sein Leben verwirkt, weil er ein Gelübde gebrochen und eine heilige, von Gott gestiftete Ehe und Gabe zerstört hat. Darum hat er auch kein Anrecht mehr auf ein eheliches Leben.

Natürlich wollen wir auch solche Brüder und Schwestern, die hier gefehlt haben, nicht abweisen und ausgrenzen, sondern wir wollen mit ihnen sprechen und sie beraten, wie sie die Wege Gottes gehen können. Und wenn sie dem Herrn und Seinem Wort ergeben sind, wird Er ihnen auch ein glückliches und erfülltes Leben ohne Frau beziehungsweise ohne Mann schenken. Denn die Ehe ist nicht alles, wie wir gesehen haben.

Auf jeden Fall danken wir Gott für alle Stände in den Gemeinden – für die Ledigen, für die Verheirateten, für die Verwitweten und auch für die Geschiedenen. Es ist bewundernswert, wie Gotteskinder, die ungewollt geschieden wurden, dennoch nicht verbittern, sondern dankbar auf den Herrn schauen, die neue Situation annehmen und zuversichtlich weiterleben.

Pastor Mertin:

Ist es aber nicht so, dass leider viele Christen auf der Suche nach Veränderung häufig sehr verkrampft sind?

Pastor Wegert:

Ja, genau. Und vielleicht nimmst du dazu Stellung, Andy.

Pastor Mertin:

Sie sind mit ihrem Stand unzufrieden und wollen so schnell wie möglich da heraus. Darum leben sie nie im Heute, sondern immer im Morgen. So können sie nie ihr Jetzt genießen. Sie machen ihr Glück beständig von einem Punkt in der Zukunft abhängig. So befinden sie sich fortwährend in einer Art Warteschleife. Sie sind gedanklich immer in Eile hin zu einer besseren Zukunft. Und wenn sie die erreicht haben, dann stimmt wieder irgendetwas nicht, und schon sind sie wieder auf der Suche. Wenn sie das weiter so treiben, haben sie eigentlich nie richtig gelebt.

Vertraue Gottes Wegen

Gott will aber, dass wir jeden Augenblick unseres Lebens als Geschenk annehmen und ihn genießen, einerlei in welchem Stand wir uns befinden.

Vielleicht sind einige gedanklich schon gar nicht mehr hier bei der Sache, sondern sie sehen schon den Sonntagsbraten vor ihren Augen. Endlich können sie ihn verschmausen, aber dann ist er ihnen nicht zart genug. Er ist zäh wie Leder. „Frau, was hast du dir da für Fleisch andrehen lassen?", wird gemeckert. Du ärgerst dich, und schon ist dieser Augenblick des Lebens, auf den du dich so gefreut hast, auch wieder im Eimer.

Pastor, welchen Rat gibst du solchen Menschen?

Pastor Wegert:

Ja, hier ist guter Rat teuer, aber auch ganz wichtig. Mein Rat ist: Genieße das Jetzt. Freue dich, dass du lebst, dass du atmen kannst, dass du glauben und Gott anbeten darfst. Nimm mit deinen Gedanken nicht schon wieder Reißaus! Und rede dir nicht ein, wie schön das Leben wäre, wenn ...! Das Leben ist gerade in diesem Augenblick schön – jetzt! Lehne dich zurück, schließe die Augen und freue dich einfach. Heute ist der Tag des Heils. Ergötze dich am Hier und Jetzt. Denn: *„Dies ist der Tag, den der HERR macht; lasst uns freuen und fröhlich an ihm sein" (Psalm 118,24).*

Und so genieße auch den Stand deines Ledigseins. Auch wenn bei dir Sehnsüchte und Hoffnungen sind, vielleicht doch noch einen lieben Menschen zu finden, vergeude nicht die gute, gegenwärtige Zeit mit Grübeln und Spekulieren. Kaum lernst du jemanden neu kennen, der noch nicht verheiratet ist, geht schon das Karussell deiner Gedanken los. Du beobachtest, wie er aussieht, was er anhat, mit wem er spricht. Guckt er auch zu mir rüber? Ja! War er freundlich zu mir, lächelte er, mag er mich vielleicht – oder vielleicht auch nicht ...?

Als bei uns ein junger Mann das erste Mal in die Gemeinde kam, fiel er gleich einer lieben Schwester auf. Als sie nach Hause kam und ihre Bibel aufschlug, fielen ihre Augen auf die Worte: *„Du wirst das Land einnehmen, und er wird dir Gutes tun"* (5. Mose 30,5). Da dachte sie: „Richtig, Herr, den werde ich mir schnappen!" Am nächsten Sonntag ging sie schnurstracks auf ihn zu und sagte: „Gott hat mir gesagt, dass du mein Mann wirst!" Seitdem haben wir ihn aber nie wieder im Gottesdienst gesehen.

Wenn es auch nicht immer so extrem zugeht, möchte ich aber doch allen Singles sagen: Entspannt euch. Verkrampft euch nicht und verschwendet eure Nervenkraft nicht ständig mit solchem Nachdenken! Jemand sagte einmal: „Tue nichts gegen dein Single-Dasein, sondern tue etwas mit ihm!" Erkenne die Chance, die Gott dir in deiner Unabhängigkeit und Ungebundenheit geschenkt hat. Fange etwas Konstruktives damit an. Setze deine Zeit, deine Kraft und dein Geld für die Sache Gottes ein.

Pastor Mertin:

Alles in allem sind wir aber begeistert von den Alleinstehenden in unserer Gemeinde, die durch die Gnade Gottes starke Persönlichkeiten geworden sind. Sie haben ihre Lebenssituation angenommen und etwas Wunderbares daraus gemacht. Sie stehen im Leben und gehen einen vorbildlichen Weg. In der Gemeinde sind sie Sonntagsschullehrer und Hauskreisleiter. Sie arbeiten mit bei den Royal Rangers – das sind die christlichen Pfadfinder – oder auch im Kreis junger Erwachsener. Sie besuchen Alte und Kranke und bereisen sogar die Missionsfelder. Sie sitzen nicht verbittert und frustriert im Schmollwinkel, weil Gott ihnen ihre Wünsche nicht erfüllt, sondern bringen sich ein, sie tun etwas. Sie erachten ihren Stand als Gnadenstand und als ein Geschenk Gottes.

Pastor Wegert:

Ja, unsere Singles, sowohl Männer als auch Frauen, sind mit das stärkste Potential, das wir in den Gemeinden haben, auch in der ARCHE. So sehr wir ihnen auch einen Partner fürs Leben wünschen, so dankbar sind wir aber auch, dass es sie gibt. Ohne sie wäre die Gemeinde sehr, sehr arm.

Denn sie haben verstanden, was der Apostel meinte, als er schrieb: *„Wer ledig ist, der sorgt sich um die Sache des Herrn, wie er dem Herrn gefalle; wer aber verheiratet ist, der sorgt sich um die Dinge der Welt"* (1. Korinther 7,32-33a). Paulus freut sich darüber, wenn Menschen ungeteilten Herzens dem Herrn dienen. Und das können die Alleinstehenden am Besten.

Wenn euer Herz dennoch Sehnsucht nach einem Mann oder einer Frau hat, *„trachtet zuerst nach dem Reich Gottes und nach seiner Gerechtigkeit, so wird euch das alles zufallen"* (Matthäus 6,33). Und das wird zu Gottes Zeit und Stunde geschehen. Der Herr will nicht, dass ihr euch sorgt und ängstigt. Er will vielmehr, dass wir Ihm in jeder Lebenslage absolut vertrauen und beten: *„Dein Wille geschehe"* (Matthäus 6,10). Nur wenn wir uns dem Herrn in allen Dingen ergeben, werden wir stark sein.

Paulus schreibt ein wichtiges Wort: *„Die Frömmigkeit aber ist ein großer Gewinn für den, der sich genügen lässt"* (1. Timotheus 6,6). Wer sich nicht genügen lässt in dem, was Gott ihm zuteilt, der wird aus seinem Glauben keinen Lebensgewinn ziehen. Darum schrieb derselbe Apostel an anderer Stelle: *„Ich habe gelernt, mir genügen zu lassen, wie's mir auch geht"* (Philipper 4,11). Und er konnte hinzufügen: *„Ich vermag alles durch den, der mich mächtig macht"* (Philipper 4,13). In der Genügsamkeit lag seine Kraft – aber auch in dem Vertrauen, dass Gott das Beste für ihn hat.

Andy, du hast da noch eine Geschichte, die das Ganze vielleicht gut untermauern kann.

Pastor Mertin:

Zum Zweck einer Studie lud ein Wissenschaftler vierjährige Kinder eines nach dem anderen in einen leeren Raum ein, in dem nur ein Tisch stand. Darauf lag ein leckeres Bonbon. Dann sagte der Forscher zu dem Kleinen: „Du darfst gern dieses wunderbare Bonbon nehmen; aber wenn du damit wartest, bis ich wiederkomme, schenke ich dir eine ganze Tüte!"

Einige Kinder griffen sofort nach dem Hinausgehen des Mannes nach dem Bonbon. Andere warteten ein paar Minuten und naschten dann. Aber es gab auch solche, die geduldiger waren, was ihnen nicht leicht fiel. Sie hielten sich die Augen zu, drehten den Kopf hin und her, sie sangen, führten Selbstgespräche oder schliefen sogar ein. Aber sie hielten durch, bis der Experte wiederkam und ihnen die schwerverdiente Tüte Bonbons brachte. Im Laufe des Lebens dieser geduldigen Kinder stellte sich heraus, dass sie um ein Vielfaches lebenstüchtiger und beliebter waren als die anderen. Die Kinder, die nicht warten konnten, waren später einsamer, unzufriedener, frustrierter und dickköpfiger.[6]

Pastor Wegert:

Das ist ja ein interessantes Beispiel. Für diese Kinder, wie wir gesehen haben, war es eine schwere Prüfung. Ebenso ist für manch einen von uns das Single-Dasein schwer auszuhalten. Doch die Bibel sagt: *„Durch Stillesein und Hoffen würdet ihr stark sein" (Jesaja 30,15).*

Aber wir sind oft nicht stark, weil wir dem Herrn und Seinen Wegen misstrauen – und das, obwohl Er gesagt hat: *„Denn ich weiß, was für Gedanken ich über euch habe, spricht der Herr, Gedanken des Friedens und nicht des Leides, euch eine Zukunft und eine Hoffnung zu geben" (Jeremia 29,11; Sch).* Das wird Gott denen schenken, die Ihm in allen Lebenslagen vertrauen.

Und es ist meine herzliche Bitte: Vertrauen Sie in Ihrem gegenwärtigen Lebensstand ganz und gar dem Herrn Jesus Christus. Sorgen Sie sich nicht. Seien Sie geduldig und freuen Sie sich, dass Jesus der Herr Ihres Lebens ist. Er wird alles wohl machen. Sie werden staunen, was Gott für Sie noch bereit hat! In Jesu Namen. Gott segne Sie!

---

[6] Joshua Harris. Ungeküsst und doch kein Frosch. Schulte & Gerth: Asslar, 1998. S. 76f

Des Mannes Hilfe

Pastor Mertin:

Wir wollen uns jetzt mit der Rolle der Frau, besonders in der Ehe, befassen. Darum haben wir das Thema „Des Mannes Hilfe" überschrieben.

Ich lese dazu den sehr bekannten Bibelvers aus dem ersten Mosebuch: *„Und Gott der HERR sprach: Es ist nicht gut, dass der Mensch allein sei; ich will ihm eine Gehilfin machen, die ihm entspricht!" (1. Mose 2,18; Sch2000).*

Über die Bedeutung dieser Aussage gibt es immer wieder Meinungsverschiedenheiten. Die Frau ist als Hilfe für den Mann gedacht, wie der Text es ausdrückt. Was beinhaltet dieses Wort „Hilfe" oder „Gehilfin", Herr Pastor? Was heißt das?

Der Hilflosigkeit des Mannes begegnen

Pastor Wegert:

Wenn unser Vers sagt, dass die Frau zur Hilfe für den Mann geschaffen ist, denken viele sogleich an Wäsche waschen, bügeln, Geschirr spülen und saubermachen – so, als hätte Gott gesagt: „Es ist nicht gut, dass der Mann alles allein macht, darum will Ich ihm eine Haushaltshilfe geben."

Das Wort „Hilfe" meint aber viel Grundlegenderes: Es bezeichnet etwas, auf das jemand – weil hilflos – zutiefst angewiesen ist. Die Arbeit eines Dienstmädchens könnten wir Männer zur Not noch selber machen. Aber wir können ohne Frau weder Kinder zeugen noch gebären. Da sind wir absolut hilflos. Wenn Gott dem Adam keine Frau gegeben hätte, hätte er keine Nachkommen haben können, und die Menschheit wäre gleich wieder ausgestorben. So hilflos war der arme Adam.

Das heißt, der Mann ist nicht autonom, so als könne er durch sich selbst leben, während die Frau ihm lediglich die Pantoffeln bringt. Nein, der Mann ist nicht ganz, er ist nur die „Hälfte". Er braucht noch die andere Hälfte dazu, wie wir gern sagen: die sogenannte „bessere Hälfte". Er braucht sie, um komplett zu sein, um überhaupt leben zu können. Um diese Art Hilfe geht es und nicht um eine Dienstleistung. Nicht umsonst sagt man: Frauen machen Männer!

Pastor Mertin:

Da unterbreche ich einfach mal: Sprichst du da auch von dir selbst?

Pastor Wegert:

Ja, ich spreche auch von mir selbst, Andy. Was wäre ich ohne meine Frau Gertrud? Ich könnte meinen Dienst nicht tun, wenn meine Frau ihn nicht mit mir tun würde. Nur durch sie kann ich der sein, der ich bin. Ich brauche sie als Hilfe von Gott. Wenn sie sich selbst leben und sich weigern würde, mir diese Hilfe zu sein, würde sie meinen Dienst unmöglich machen und unsere Berufung dazu.

Ich habe eine Rückfrage: Wie geht es dir? Was machst du ohne deine Frau?

Pastor Mertin:

Ohne meine Frau wäre ich nur ein halber Mann, das muss ich sagen, das ist absolut so.

Pastor Wegert:

Wir sehen: Bei der Hilfe der Frau geht es nicht darum, dem Mann das Bier zu bringen, sondern es geht um existentielle Fragen.

Etwa 30 Mal wird die „Hilfe", die die Frau dem Mann sein soll, in der Bibel auch gebraucht für die Hilfe Gottes, die Er für den Menschen ist. Wenn es zum Beispiel in Psalm 38 heißt: *„Eile, mir beizustehen, HERR, du meine Hilfe" (Psalm 38,23)*, dann meint der Beter nicht, dass Gott ihm doch bitte mal einen Service erweisen möge, sondern dass er in seiner Abhängigkeit ohne die Hilfe Gottes nicht auskommt. Denn ohne Gott sind wir nichts, und ohne unsere Frauen sind wir auch nichts. Erst durch euch, liebe Ehefrauen, können Ehemänner werden, was sie sein sollen. Daher verweigert ihnen diese Hilfe nicht!

Hilfe zur Rollenfindung

Das heißt als Zweites: Eine Hilfe für den Mann ist die Frau, die ihn darin unterstützt, seine ihm von Gott gegebene Rolle zu finden. Und welches ist seine Rolle? Er soll das Haupt der Frau sein. Er soll ein Leben lang Verantwortung für sie übernehmen, sie lieben, für sie sorgen und, wenn es sein muss, sogar das Leben für sie lassen, wie es auch Christus als Haupt Seiner Gemeinde getan hat. Welcher Mann ist dazu fähig, wenn ihm nicht geholfen wird? Und dabei könnt ihr Frauen ihnen helfen, indem ihr euch ihnen tatsächlich unterordnet.

Pastor Mertin:

Da gebrauchst du ja einen Begriff, der heutzutage besonders in der Ehe nicht mehr salonfähig ist – das muss man ja so sagen: Unterordnung. Du schließt also von Hilfe auf Unterordnung. Aber was genau soll man darunter verstehen?

Pastor Wegert:

Jetzt brauche ich von Gott Hilfe, um das zu erklären. Die Bibel meint mit Unterordnung nicht sklavische Unterwerfung. Wie Unterordnung zu verstehen ist, lernen wir bei Paulus ganz wunderbar. Er schreibt: *„Ich lasse euch aber wissen, dass Christus das Haupt eines jeden Mannes ist; der Mann aber ist das Haupt der Frau; Gott aber ist das Haupt Christi"* *(1. Korinther 11,3)*. Noch einmal: *„Gott aber ist das Haupt Christi."*

So wie der Mann das Haupt der Frau ist, so ist Gott das Haupt des Christus. Obwohl der Sohn gleichwertig ist mit Gott, dem Vater, hat Er keinerlei Schwierigkeiten, sich dem Vater unterzuordnen. Vater, Sohn und Heiliger Geist sind gleichermaßen Gott, und dennoch gibt es innerhalb der Gottheit eine Rollenverteilung, in der sich der Sohn dem Vater ohne Not unterstellt.

Wenn es heißt, dass sich die Frau dem Mann unterordnen soll, dann denken viele, die Frau sei geringer und habe weniger Wert als der Mann. Diese Idee stammt aber nicht aus der Bibel. So wie Gott, der Vater, mit Gott, dem Sohn, gleich ist an Macht, Ehre und Herrlichkeit, so ist die Frau mit gleicher Würde und Wertigkeit ausgestattet wie der Mann. Da ist kein Standesunterschied. Und doch ordnet sich die biblische Frau dem Mann unter, wie sich auch Christus dem Vater unterstellt hat.

Matthew Henry schrieb in seinem Kommentar zur Schöpfungsgeschichte: „Eva wurde nicht aus Adams Gehirn geschaffen, um ihm auf den Kopf zu steigen; auch wurde sie nicht aus seinen Füßen geschaffen, dass er auf ihr herumtrampeln sollte, sondern aus seiner Seite, dass sie ihm gleichgestellt sei."[7]

Aber diese Gleichstellung von Mann und Frau bedeutet eben nicht Gleichmacherei, so als müsste man ihre Unterschiedlichkeit plattmachen. Auch wenn Jesus mit Seinem himmlischen Vater gleichgestellt ist, unterscheidet Er sich doch von Ihm. Er unterstellt sich, gehorcht und tut gern den Willen des Vaters. Er sagt sogar: *„Meine Speise ist es, dass ich tue den Willen dessen, der mich gesandt hat, und vollende sein Werk" (Johannes 4,34).*

Jesus fand nicht Erfüllung darin, Sein eigenes Werk zu tun, sich von Seinem Vater zu emanzipieren, sondern darin, das Werk des Vaters zu vollenden. In Seiner Bereitschaft, sich dem Vater zu unterstellen, wurde Christus Ihm – man kann es so sagen – eine gewaltige Hilfe. Er ergänzte den Vater in dem gemeinsamen Werk. Und genauso soll auch die Ehefrau ihrem Mann eine Hilfe sein und ihn in ihrem gemeinsamen Werk und Leben ergänzen.

Pastor Mertin:

Du hast nun den Begriff „Gleichstellung" ins Spiel gebracht. Nach biblischem Verständnis sind also Mann und Frau gleichgestellt. Das ist kein Widerspruch zur Unterordnung, Christen sollten sich da nicht aufs Glatteis führen lassen. Was aber heute unter der Gleichstellung von Mann und Frau verstanden wird, ist doch mehr eine Gleichmacherei als eine Gleichstellung, wie die Bibel sie lehrt.

---

[7] Matthew Henry. Commentary on the Whole Bible. Auslegung zu 1. Mose 2,23-24. Modul in BibleWorks 7.0. (auch online verfügbar unter www.ccel.org/ccel/henry/mhc.i.html). Matthew Henry (1662-1714) war ein presbyterianischer Pastor in England. Sein Bibelkommentar ist bis heute ein Klassiker.

Pastor Wegert:

Ja, das ist leider heute so der Fall. Deswegen müssen wir dringend darauf achten, wie die Bibel auch die Unterschiedlichkeit von Mann und Frau versteht. In der Welt bedeutet Gleichstellung, dass jeder seine eigenen Wege geht, dass jeder sich selbst verwirklicht, man nicht mehr abhängig voneinander ist und jeder sein eigenes Ding dreht. Emanzipation nennt man das oder auch Selbstverwirklichung. Wer das wirklich will, sollte sich besser nicht verheiraten.

Die christliche Ehe ist vielmehr ein Gemeinschaftsprojekt, genauso wie der himmlische Vater mit Seinem eingeborenen Sohn ein Gemeinschaftsprojekt hat. Und wie das Projekt des Vaters auch der ganze Lebensinhalt des Sohnes ist, so ist auch der Lebensinhalt der Frau das gemeinsame Projekt mit dem Mann. Sie hilft ihm und unterstützt ihn darin. Sein Lebensprojekt ist auch ihr Lebensprojekt, Sein Lebensziel ist auch ihr Lebensziel. Und sie spricht mit Ruth: *„Wo du hingehst, da will ich auch hingehen; wo du bleibst, da bleibe ich auch. Dein Volk ist mein Volk, und dein Gott ist mein Gott" (Ruth 1,16).*

Innerhalb dieser Bande hat die Frau selbstverständlich Autorität, wie auch Christus Autorität und Vollmacht hat. Er war und ist Herr über alles – allerdings nicht über den Vater. So hat auch die Frau Autorität und Kompetenz. Aber sie herrscht nicht über den Mann. Sie mag ihrer eigenen Arbeit nachgehen, vielleicht sogar größeren Berufserfolg haben und mehr Geld mit nach Hause bringen als ihr Mann.

Wenn wir Sprüche 31 lesen, staunen wir, welch unternehmerische Fähigkeit eine Ehefrau haben kann und soll. Andy, ich bitte dich, diesen Abschnitt von Salomo zu lesen. Es ist ja faszinierend, was da über die Ehefrau gesagt wird.

Pastor Mertin:

Ja, das ist sehr beeindruckend: *„Eine tugendhafte Frau, wer findet sie? Sie ist weit mehr wert als die kostbarsten Perlen. Auf sie verlässt sich das Herz ihres Mannes, und an Gewinn mangelt es ihm nicht. Sie erweist ihm Gutes und nichts Böses alle Tage ihres Lebens. Sie kümmert sich um Wolle und Flachs und* *verarbeitet es mit willigen Händen. Sie gleicht den Handelsschiffen, aus der Ferne bringt sie ihr Brot herbei. Bevor der Morgen graut, ist sie schon auf. Sie gibt Speise aus für ihr Haus und bestimmt das Tagwerk für ihre Mägde. Sie trachtet nach einem Acker und erwirbt ihn auch. Vom Ertrag ihrer Hände pflanzt sie einen Weinberg an. Sie gürtet ihre Lenden mit Kraft und stärkt ihre Arme. Sie sieht, dass ihr Erwerb gedeiht.*

Ihr Licht geht auch bei Nacht nicht aus. Sie greift nach dem Spinnrocken, und ihre Hände fassen die Spindel. Sie tut ihre Hand dem Unglücklichen auf und reicht ihre Hände dem Armen. Vor dem Schnee ist ihr nicht bange für ihr Haus, denn ihr ganzes Haus ist in Scharlach gekleidet. Sie macht sich selbst Decken, Leinen, und Purpur ist ihr Gewand. Ihr Mann ist wohl bekannt in den Toren, wenn er unter den Ältesten des Landes sitzt.

Sie fertigt Hemden und verkauft sie und liefert dem Händler Gürtel. Kraft und Würde sind ihr Gewand, und sie lacht angesichts des kommenden Tages. Ihren Mund öffnet sie mit Weisheit, und freundliche Unterweisung ist auf ihrer Zunge. Sie behält die Vorgänge in ihrem Haus im Auge und isst nie das Brot der Faulheit.

Ihre Söhne wachsen heran und preisen sie glücklich. Ihr Mann rühmt sie ebenfalls. Viele Töchter haben sich als tugendhaft erwiesen. Du aber übertriffst sie alle. Anmut ist trügerisch, und Schönheit vergeht. Aber eine Frau, die den HERRN fürchtet, die wird gelobt werden. Gebt ihr von den Früchten ihrer Hände, und ihre Werke werden sie rühmen in den Toren" (Sprüche 31,10-31; Sch2000).

Ein eindrucksvoller Text!

Pastor Wegert:

Ja, und was für eine Frau! Was für eine Ehefrau! Sie führte ihr Familienunternehmen wie ein moderner Manager. Sie war kompetent, klug und gebildet, aber sie herrschte nicht über ihren Mann, sondern half ihm auf geniale Weise, ein guter Ehemann und Vater zu sein. So wie Gott das Haupt des Christus ist, so ist der Mann das Haupt der Frau. Und sie folgt ihrem Mann, so wie Christus der Vaterschaft Gottes gefolgt ist.

Darum sagt Paulus: *„Deswegen beuge ich meine Knie vor dem Vater unsres Herrn Jesus Christus, nach welchem jede Vaterschaft im Himmel und auf Erden genannt wird" (Epheser 3,14-15; Sch)*. Gott ist ein Vater, und zwar der Vater aller Väter. Und damit offenbart Er sich in der Eigenschaft eines Mannes, womit auch die besondere Autorität des Mannes begründet wird. Es ist deshalb auch kein Zufall oder Ergebnis von Beliebigkeit, dass Jesus uns lehrt zu beten: *„Vater unser!"* So wie Jesus sich Seinem Vater unterstellt, so sollen wir uns auch den Männern und Vätern unterstellen, die Gott uns gegeben hat.

Ein konkretes Beispiel: Wenn der Mann in eine Gemeinde gehen will, die Frau aber in eine andere, dann handelt sie nicht nach Gottes Willen und Weisung.

Hilfe – auch wenn der Mann kein Vorbild ist

Pastor Mertin:

Was ist aber, wenn der Mann kein Vorbild ist? Das ist schon eine schwierige Sache. Christliche Frauen stellen dann natürlich die Frage: „Muss ich mich auch unterordnen, wenn der Mann absolut keine Ähnlichkeit mit dem Vaterbild Gottes hat, sondern auf der ganzen Linie versagt?"

Wenn manche Männer davon lesen, dass sie das Haupt der Frau sind, schwillt ihnen der Kamm, und sie benehmen sich dumm, sogar herrisch und chauvinistisch. Sie fühlen sich wie Napoleon und führen solange Krieg zu Hause, bis ihre ganze Familie kaputt ist. Und solchen soll man sich unterordnen? Etwa auch denen, die keine Pflichten und keine Verantwortung übernehmen und nichts anderes tun, als fernzusehen und im Internet zu surfen? Sollten sich Frauen auch solchen Faulpelzen unterordnen? Das ist eine schwierige Frage. Was meinst du dazu?

Pastor Wegert:

Du wirfst immer schwierige Fragen auf, Andy. Aber wir müssen auch auf diese Dinge zu sprechen kommen, weil sie ja das Leben vieler Frauen betreffen.

Am besten lassen wir das Wort Gottes sprechen. Im 1. Petrusbrief lesen wir: *„Desgleichen sollt ihr Frauen euch euren Männern unterordnen, damit auch die, die nicht an das Wort glauben, durch das Leben ihrer Frauen ohne Worte gewonnen werden"* *(1. Petrus 3,1).*

Hier geht es sogar um die Unterordnung ungläubigen Männern gegenüber. Die Unterordnung ist also nicht an irgendeine besondere Qualität geknüpft, die die Männer mitbringen müssen, sondern sie gilt grundsätzlich – unabhängig davon, wie gut oder fehlerhaft der Mann ist.

Im weiteren Bibeltext lesen wir von Sarah, wie sie sich Abraham gegenüber verhielt: *„... wie Sara Abraham gehorsam war und ihn Herr nannte; deren Töchter seid ihr geworden, wenn ihr recht tut und euch durch nichts beirren lasst"* *(1. Petrus 3,6).*

Abraham war ja auch nicht immer ein Glaubensheld. Wie wir aus der Bibel wissen, gab er zweimal seine schöne Sarah in die Hände der Heiden, um sein eigenes Leben zu retten. Und dann sollte sie noch dem König Abimelech gegenüber behaupten, dass sie Abrahams Schwester sei. Stell dir einmal vor, liebe Ehefrau, das würde dein Mann mit dir machen! Würdest du dich ihm hinterher noch gern unterordnen und „Herr" zu ihm sagen? Sarah machte ihre Unterordnung unter Abraham nicht davon abhängig, wie perfekt er war, sondern sie lebte so oder so ihre Rolle von Gott her. Und ihr, liebe christliche Frauen, seid ihre heutigen Töchter, wie Petrus wörtlich schreibt.

Sein Vorschlag an die Frauen ist ein geistlicher. Er sagt, dass sie ihre schwierigen Männer durch ein Leben ohne viele Worte gewinnen können, und zwar durch ihre Reinheit und Gottesfurcht (1. Petrus 3,2). Das soll der Ehemann bei seiner Frau beobachten können. Und dann erinnert der Apostel sie an ihre inneren Werte, indem er schreibt: *„Euer Schmuck soll nicht äußerlich sein wie Haarflechten, goldene Ketten oder prächtige Kleider, sondern der verborgene Mensch des Herzens im unvergänglichen Schmuck des sanften und stillen Geistes: das ist köstlich vor Gott"* *(1. Petrus 3,3-4).*

Pastor Mertin:

Diese Bibelstelle wird nun immer wieder benutzt, um Verbote gegen Schmuck und besondere Kleidung einzufordern. Ist das so zu verstehen?

Pastor Wegert:

Das tun Menschen gern, die besonders stark gesetzlich ausgerichtet sind. Aber ich glaube, der Text hier will etwas mehr sagen. Er geht tiefer. Petrus will mit diesem Wort unter keinen Umständen sagen, dass sich eine christliche Frau nicht schön machen soll. Es ist seine und auch meine feste Überzeugung, dass eine Ehefrau sich auch attraktiv kleiden soll.

Petrus will nicht sagen, dass sich die Reinheit und die Gottesfurcht einer christlichen Ehefrau darin ausdrücken, dass sie nur noch prüde und in Sack und Asche herumläuft. Eine ungepflegte Frau ist nicht automatisch eine geheiligte Frau. Auch äußeres Gepflegtsein ist Ausdruck einer christlichen Ehefrau.

Dann höre ich manchmal auch, dass Frauen ihren Männern das Ehebett verweigern. Richtig ist, dass die Männer ermahnt werden: *„Ebenso sollt ihr Männer im Umgang mit euren Frauen rücksichtsvoll sein, denn sie sind der schwächere Teil; ehrt sie, denn auch sie sind Erben der Gnade des Lebens. So wird euren Gebeten nichts mehr im Weg stehen"* *(1. Petrus 3,7; Ein).* Eine perverse und die Frau abstoßende Sexualität verhindert eure Gebete, ihr lieben Ehemänner. Überprüft einmal, warum Gott bei euch so wenig Gebet erhört.

Aber andererseits seid ihr Frauen euren Männern auch eine Hilfe, indem ihr euch nicht verweigert, sondern sie einladet, auch wenn es euch nicht immer danach zumute ist. Denn es *„entziehe sich nicht eins dem andern, es sei denn eine Zeitlang, wenn beide es wollen, damit ihr zum Beten Ruhe habt; dann kommt wieder zusammen, damit euch der Satan nicht versucht, weil ihr euch nicht enthalten könnt"* *(1. Korinther 7,5).*

Die Betonung liegt auf *„... wenn beide es wollen"*! Einer hat nicht das Recht, sich im Alleingang dem anderen zu entziehen. Und so glaube ich, dass es sehr wichtig ist, dass du als Frau deinen Mann auch mit weiblichem Charme gewinnst – du darfst es nicht nur, sondern du sollst es!

Aber du wirst deinen Mann nicht dadurch gewinnen, dass du wie ein behängter Weihnachtsbaum oder ein leichtes Mädchen durch die Gegend läufst. Du wirst deinen Mann eher provozieren als ihn gewinnen, wenn du in der Öffentlichkeit und auch in der Gemeinde aufreizende Kleidung trägst. Dein schwieriger und ungläubiger Mann hat das Bedürfnis, die Echtheit und Glaubwürdigkeit deines Glaubens zu sehen. Und die kommt nicht durch Miniröcke und andere Reizklamotten zum Vorschein, sondern durch eine innere Schönheit.

Wenn christliche Frauen glauben, sich nur durch Make-up, eine gefärbte Haarpracht, Ohrringe und Armbänder attraktiv halten zu können, dann irren sie sich. Denn ihre äußere Schönheit vergeht schneller, als sie denken. Da helfen auch kein Piercing und kein Lifting mehr. Denn wir haben gelesen: *„Lieblich und schön sein ist nichts; ein Weib, das den Herrn fürchtet, soll man loben"* (Sprüche 31,30).

Pastor Mertin:

Das hört sich sehr radikal an: *„Lieblich und schön sein ist nichts."* Also, ich freue mich über meine sehr schöne Frau, muss ich sagen. Aber die Bibel will mit diesem Wort doch sagen: Schön sein hat keinen bleibenden Wert, das ist vergänglich, im Gegensatz zur Furcht des Herrn.

Daraus folgt eine unvergängliche Schönheit, die dich für deinen Mann bis ins hohe Alter reizvoll und attraktiv erhält. Und das ist *„der verborgene Mensch des Herzens im unvergänglichen Schmuck des sanften und stillen Geistes: das ist köstlich vor Gott"* (1. Petrus 3,4).

Nicht vorlaut, nicht keifend, nicht tratschend, nicht herrschend, nicht aufgedonnert sein, sondern ein sanftes und ruhiges Wesen haben, das ist nicht nur köstlich vor deinem Mann, sondern auch vor Gott. Ich glaube, so hast du das auch gemeint.

Pastor Wegert:

Ganz genau. So meint es letztlich auch Petrus, so meint es Gott selber. Ich bin dem Herrn sehr dankbar, dass Er auch mir eine schöne und liebe Frau gegeben hat. Wir wollen unser Äußeres nicht vernachlässigen, aber vor allem anderen wollen wir unserem Gott gefallen.

Deshalb meine Frage an euch, ihr lieben christlichen Frauen: Welche Bedeutung hat in eurem Leben die Pflege eures Äußeren? Überlegt einmal: Wie viel Zeit verbringt ihr täglich vor dem Spiegel und wie viel Zeit im Gebet? Wie häufig befindet ihr euch beim Kleiderkauf und beim Umtausch – und wie häufig lest ihr eure Bibel? Wie viele Schuhe, Hosen, Jacken, Blusen, Ketten und Spangen habt ihr zu Hause? Ich muss sagen, euer Sammeltrieb macht mir Sorgen. Ihr klebt an der Eitelkeit dieser Welt, die mitsamt ihrer Lust vergeht.

Seid ihr nur um euer Outfit bemüht oder auch um eure Heiligung, um euer geistliches Wachsen und Reifen? Möchtet ihr, dass Jesus aus euch heraus leuchtet und Sein Wesen euer Markenzeichen ist – Seine Duldsamkeit, Seine Sanftmut, Seine Bescheidenheit, Seine Treue und Ehrlichkeit, Seine vergebende Liebe und Seine guten Werke? *„Denn so haben sich vorzeiten auch die heiligen Frauen geschmückt, die ihre Hoffnung auf Gott setzten und sich ihren Männern unterordneten, wie Sara Abraham gehorsam war und ihn Herr nannte; deren Töchter ihr geworden seid, wenn ihr recht tut und euch durch nichts beirren lasst"* (1. Petrus 3,5-6).

Habt ihr gehört? Ihr sollt euch durch keine Drohung eurer Männer einschüchtern lassen, sondern ihr dürft im absoluten Gottvertrauen leben und eure Ehe dem Herrn anbefehlen, auch wenn ihr noch so schwierige Männer habt. Gott helfe euch durch Seine Gnade, und wir beten für euch.

Andy und ich möchten uns unter keinen Umständen als Verkündiger des Evangeliums über euch stellen, ihr lieben christlichen Frauen, die ihr mit schwierigen Ehemännern leben müsst. Sondern wir möchten euch Mut machen und euch sagen, dass wir staunen, mit welcher Gnade, mit welcher Geduld ihr eure Lebenssituation tragt. Und wir sind fest davon überzeugt: Wenn ihr den Weg geht, den die Bibel euch weist, wird der Herr alles herrlich hinausführen. Gott segne euch in eurem Stand! Amen.

Mann und Frau – Ebenbild Gottes

„Und Gott schuf den Menschen ihm zum Bilde, zum Bilde Gottes schuf er ihn; männlich und weiblich schuf er sie."

(1. Mose 1,27; Sch)

Wir möchten jetzt über den Menschen als das Ebenbild Gottes sprechen. Jeder Mensch trägt das Bild Gottes in sich. Wir finden es in jedem Mann, in jeder Frau und in jedem Kind.

Nun macht unser Vers auf einen ganz wichtigen Aspekt der Ebenbildlichkeit aufmerksam – nämlich, dass Adam und Eva als Mann und Frau in ihrer Gemeinsamkeit das Bild Gottes widerspiegeln, denn wir haben gelesen: *„Zum Bilde Gottes schuf er ihn; männlich und weiblich ..."*

Inwiefern vervollständigen erst beide, Mann und Frau gemeinsam, das Bild Gottes? Das wollen wir uns jetzt anschauen.

Mann und Frau spiegeln die innergöttliche Gemeinschaft wider

Wir stoßen in der Bibel immer wieder auf das Geheimnis der Dreieinigkeit Gottes. Da ist der Vater, der Sohn und der Heilige Geist – und die drei sind nicht drei Götter, sondern ein Gott. Das ist wohl der Grund, warum Gott in der Schöpfungsgeschichte spricht: *„Lasset uns Menschen machen, ein Bild, das uns gleich sei"* (1. Mose 1,26).

Vater, Sohn und Heiliger Geist stehen für eine herrliche, innergöttliche Gemeinschaft, für dauerhafte Liebe, Harmonie und Treue. Als Himmel und Erde noch nicht geschaffen waren und auch die Engelwelt noch nicht existierte, bestand bereits diese tiefe, innige Beziehung innerhalb der Trinität Gottes.

Und Gott schuf Mann und Frau und stiftete die Ehe als Schöpfungsordnung, weil sich in ihr die heilige Gemeinschaft der Trinität Gottes abbilden sollte. Es gibt zwischen Menschen keine innigere und tiefere Gemeinschaft als die zwischen Mann und Frau. Sie sind quasi zwei in einem. Sie sind nicht nur ein Fleisch, sondern als Glaubende auch eins im Geist.

So wie die Beziehung zwischen Vater, Sohn und Heiligem Geist dauerhaft, ja ewig ist, ist auch der Ehebund nicht für eine vorübergehende Zeitspanne gedacht, sondern auf Lebenslänge angelegt. Und so, wie die Einheit des Vaters, des Sohnes und des Heiligen Geistes felsenfest und unzerstörbar ist, soll auch die Einheit in der Ehe unauflöslich sein. Weil in Gottes Wesen absolute Treue ist, darum verkündet Er: *„Ich hasse die Ehescheidung ... darum hütet euch in eurem Geist und seid nicht treulos!"* *(Maleachi 2,16; Sch)*.

Der Vater steht treu zu Seinem Sohn, der Sohn steht treu zum Vater. Der Heilige Geist ist treu in dem, was Vater und Sohn Ihm als Sendeauftrag gegeben haben. Somit macht Gott sich selbst zum Vorbild, ja zum Wesen dessen, was wir als Menschen in unserem Mannsein und Frausein, d.h. in unserer Ehe, abbilden dürfen und auch abbilden sollen.

Mann und Frau spiegeln die innergöttliche Gleichwertigkeit wider

Die Ehe entspricht auch deswegen dem Ebenbild Gottes, weil sie die Gleichwertigkeit der göttlichen Personen in der Trinität widerspiegelt. So wie Vater, Sohn und Heiliger Geist untereinander gleiche Wertigkeit, nämlich Göttlichkeit, besitzen, so sind auch Mann und Frau gleichwertig geschaffen. Sie haben vor Gott gleiche Wichtigkeit, gleiche Bedeutung und gleichen Wert, und darin reflektieren sie die Schönheit des göttlichen Charakters.

Mann und Frau sind gleichermaßen nach dem Bilde Gottes geschaffen. Deshalb ist jeder Stolz, nach dem Motto: „Ich bin ein Mann", fehl am Platz. Und jedes Gefühl der Unterlegenheit, nach dem Motto: „Ich bin ja nur eine Frau", ist ebenfalls überflüssig. Männer sind nicht besser, wichtiger oder würdiger als Frauen und umgekehrt ebenso wenig. Keines der Geschlechter ist wertvoller oder geringer als das andere. Jeder Mensch – einerlei welchen Geschlechtes – hat vor Gott die gleiche Wertigkeit und Würde. Dieser göttliche Grundsatz zeichnet von Anfang an die Bibel aus – ganz im Gegensatz zu vielen anderen Kulturen und Religionen.

Weil also Vater, Sohn und Heiliger Geist gleichen göttlichen Wert haben, darum wollte Gott dieses Ideal der gleichen Würde auch in Seinem Ebenbild verankern. Das heißt, wenn wir als Menschen tatsächlich unsere Ähnlichkeit mit Gott ausdrücken wollen, dann tun wir das, indem wir Männer unsere Frauen würdigen, sie ehren und lieben und umgekehrt ebenso. Paulus schreibt: *„In dem Herrn ist weder die Frau etwas ohne den Mann noch der Mann etwas ohne die Frau; denn wie die Frau von dem Mann, so kommt auch der Mann durch die Frau; aber alles von Gott" (1. Korinther 11,11-12).* Daher auch der Aufruf der Bibel: *„Einer achte den anderen höher als sich selbst" (Philipper 2,3).*

Deshalb gibt es keinen Grund für einen Geschlechterkampf oder einen Machtkampf zwischen Mann und Frau, aber es gibt Grund zur gegenseitigen Ehrerbietung. So wie Gott will, dass wir Vater, Sohn und Heiligen Geist gleichermaßen ehren, so will Er, dass wir auch Mann und Frau gleichermaßen als Gottes Ebenbild wertachten. Darum lautet die biblische Ermahnung an die Männer: *„Erweiset ihnen [euren Frauen] Ehre als solchen, die ebenfalls Miterben der Gnade des Lebens sind" (1. Petrus 3,7; Sch).* Und umgekehrt: *„Die Frau aber ehre den Mann" (Epheser 5,33).*

Dass Gott der Persönlichkeit von Mann und Frau die gleiche Wertschätzung beimisst, kommt in vielen anderen Bibelworten zum Ausdruck. Denken wir nur an die Pfingstverheißung, in der es heißt: *„Eure Söhne und eure Töchter sollen weissagen, ... und auf meine Knechte und auf meine Mägde will ich in jenen Tagen von meinem Geist ausgießen, und sie sollen weissagen" (Apostelgeschichte 2,17-18).* Gott gibt sowohl Männern als auch Frauen Gaben des Geistes zur Auferbauung der Gemeinde. Gott hat Seine herrlichen Charismen an die ganze Gemeinde verteilt, an Männer und Frauen. Darum heißt es: *„Und dient einander, ein jeder mit der Gabe, die er empfangen hat, als die guten Haushalter der mancherlei Gnade Gottes" (1. Petrus 4,10).* Daraus geht selbstverständlich hervor, dass nicht jeder die gleichen Gaben hat, dass sie aber so weit und breit verteilt sind, dass sowohl Männer und Frauen von Gott bedacht sind, Ihm als Seine Kinder zu dienen. Paulus bringt diese Botschaft von Gottes Ebenbild, das sich in Mann und Frau gleichermaßen manifestiert, mit den folgenden Worten auf den Punkt: *„Hier ist nicht Jude noch Grieche, hier ist nicht Sklave noch Freier, hier ist nicht Mann noch Frau; denn ihr seid allesamt einer in Christus Jesus" (Galater 3,28).*

Welche Konsequenzen ziehen wir nun aus dieser Lehre? Eine Frau wird nicht gezüchtigt und nicht geschlagen. Sie wird nicht herabgesetzt und nicht entwürdigt, und man entzieht ihr auch nicht Bildung und Wissen. Nein, die Bibel sagt vielmehr in dem berühmten Lobpreis auf die Frau in Sprüche 31: *„Kraft und Würde ist ihr Gewand ... und freundliche Unterweisung ist auf ihrer Zunge" (Sprüche 31,25; Sch).* Die Frau ist Ebenbild Gottes, und deshalb vergeht man sich nicht an ihr und betrügt sie auch nicht, sondern man verehrt und liebt sie – und das in Treue, das ganze Leben lang. Und umgekehrt begegnet die Frau ihrem Mann ebenfalls mit Ehrfurcht, sie ist nicht falsch, listig und hinterhältig, sondern aufrichtig in ihrer lebenslangen Liebe und Treue.

Wer auf diesem Gebiet als Mann oder Frau versagt hat, darf sich zu Gott bekehren. Wenn wir aneinander gesündigt haben und Gottes Ebenbild, das wir auch als Mann und Frau sein sollten, verdorben haben, dann dürfen wir zu Jesus kommen und Ihn bitten, dass Er uns reinigen möge durch Sein teures Blut.

Mann und Frau spiegeln die innergöttliche Verschiedenheit wider

Die Trinität spiegelt aber nicht nur ihre Gleichheit, sondern auch ihre Verschiedenheit wider. Und die Beziehung von Mann und Frau soll auch in dieser Hinsicht, nämlich in der Verschiedenheit ihrer Rollen, gelebt werden. Denn Mann und Frau sind zwar gleichwertig, aber sie sind nicht gleichartig. Und genau darin ist uns die Trinität Gottes ein herrliches Vorbild.

Vater, Sohn und Heiliger Geist sind absolut gleichwertig. Sie besitzen alle drei ohne Unterschied Göttlichkeit. Und dennoch hat der Vater größere Autorität. Er hat die Leiterschaft unter den Mitgliedern der Dreieinigkeit. In der Schöpfung spricht und befiehlt Gott, der Vater, der Sohn führt aus, und der Heilige

Geist begleitet es durch Seine erhaltende Gegenwart. Paulus beschreibt das so: *„So haben wir doch nur einen Gott, den Vater, **von** dem alle Dinge sind ...; und einen Herrn, Jesus Christus, **durch** den alle Dinge sind ..."* *(1. Korinther 8,6).*

In der Erlösung haben wir das gleiche Prinzip. Der Vater sendet Seinen Sohn in die Welt. Der Sohn gehorcht dem Vater und stirbt am Kreuz für unsere Sünden. Und dann senden der Vater und der Sohn den Heiligen Geist, um das vollbrachte Erlösungswerk an den Herzen von Menschen anzuwenden und sie zu Christus zu ziehen. Wir sehen nicht drei unterschiedliche Wertigkeiten innerhalb der Gottheit, aber wir sehen drei verschiedene Rollen, die nicht austauschbar sind.

Dieser Grundsatz kommt auch bei Mann und Frau zum Vorschein, wenn sie beide das Ebenbild Gottes darstellen. Das betont die Bibel an vielen Stellen, z.B. sagt der Apostel Paulus: *„Ich lasse euch aber wissen, dass Christus das Haupt eines jeden Mannes ist; der Mann aber ist das Haupt der Frau; Gott aber ist das Haupt Christi"* *(1. Korinther 11,3).*

Gott, der Vater, ist das Haupt Christi. Dabei fühlt Jesus sich nicht minderwertig. Denn Er ist Gott, ebenso wie der Vater Gott ist. Aber Er anerkennt die Leiterschaft des Vaters innerhalb der Gottheit. Das ist die göttliche Ordnung. Und wenn wir Ebenbild Gottes sind, dann kommt diese Ordnung auch in unserer Ehe zum Ausdruck. Dabei gibt es kein Problem mit der biblischen Aussage, dass der Mann das Haupt der Frau ist. Ebenso wenig wie die Unterordnung Christi unter den Vater eine herabsetzende Zweitklassigkeit bedeutet, so ist auch die Stellung der Frau innerhalb der Ehe niemals als Deklassierung oder Erniedrigung anzusehen. Mann und Frau haben lediglich verschiedene Aufgaben. Wegen der unterschiedlichen Rollen, die der Vater, der Sohn und der Heilige Geist innehaben, kommt es niemals zu Spannungen in der Gottheit. Nein, da ist Friede, Harmonie, Liebe und unzerstörbare Einheit. Und so dürfen auch wir als Ehepaar in unserer Gleichwertigkeit, aber auch in unserer Unterschiedlichkeit und Berufung, die Gott uns als Mann und als Frau gegeben hat, Ihn verherrlichen. In Jesu Namen. Amen.

Meine Verantwortung als Mann

„Ich lasse euch aber wissen, dass Christus das Haupt eines jeden Mannes ist; der Mann aber ist das Haupt der Frau; Gott aber ist das Haupt Christi." (1. Korinther 11,3)

Was ist Schlimmes daran, dass Christus ein Haupt über sich hat? Ist Christus, unser Herr, deswegen weniger wert? Nein, absolut nicht! Und was ist Schlimmes daran, dass die Frau ein Haupt über sich hat? Ist sie deswegen weniger wert? Nein, absolut nicht. Die Bibel sieht in beidem eine Analogie und eine gesegnete Ordnung.

Wenn von dem Mann als Haupt gesprochen wird, müssen wir uns das näher anschauen und lernen, wie die Bibel ihn sieht.

Wir lesen in der Schöpfungsgeschichte, dass Gott Adam zuerst geschaffen hat, und erst eine gewisse Zeit später wurde die Frau für ihn erschaffen. *„Da ließ Gott der HERR einen tiefen Schlaf fallen auf den Menschen, und er schlief ein. Und er nahm eine seiner Rippen und schloss die Stelle mit Fleisch. Und Gott der HERR baute ein Weib aus der Rippe, die er von dem Menschen nahm, und brachte sie zu ihm"* (1. Mose 2,21-22).

Aus dieser Reihenfolge der Erschaffung leitet Paulus die Führungsrolle des Mannes ab und sagt: *„Denn Adam wurde zuerst gemacht, danach Eva"* (1. Timotheus 2,13). Dieses Prinzip wird uns in der Bibel folgerichtig auch anhand des Erstgeburtsrechts gezeigt. So wie es Gott gefiel, jeweils dem erstgeborenen Sohn einen Vorrang zu geben, so gefiel es Ihm in Seiner souveränen Schöpfungsgewalt auch, den Mann als das Haupt zu bestimmen.

Diese Ordnung begründet der Apostel auch damit, dass die Frau auf Adam hin geschaffen wurde. Denn es heißt im Schöpfungsbericht: *„Und Gott der HERR sprach: Es ist nicht gut, dass der Mensch allein sei; ich will ihm eine Gehilfin machen, die um ihn sei"* (1. Mose 2,18). Daraus leitet Paulus ab: *„Und der Mann ist nicht geschaffen um der Frau willen, sondern die Frau um des Mannes willen"* (1. Korinther 11,9). Wir mögen das alles aus der heutigen Weltsicht bestreiten, aber wenn wir ganz objektiv den Befund der Heiligen Schrift sprechen lassen, kommen wir an diesen Worten nicht vorbei. Gott hat den Mann zum Leiter gesetzt.

Das geht auch daraus hervor, dass Er Eva den Namen Adams gegeben hat. Wir lesen: *„Und Gott schuf sie als Mann und Frau und segnete sie und gab ihnen den Namen ‚Mensch' [wörtlich: Adam]" (1. Mose 5,2).* Der Familienname, den Gott dem ersten Ehepaar gab, lautete also nicht Eva, sondern Adam. Er war Herr Adam, und sie war Frau Adam. Von daher leitete sich wohl auch der Gebrauch ab, dass die Frau bei der Eheschließung den Namen ihres Mannes annahm. Also auch der Familienname, den beide tragen sollten, deutet auf die Führungsrolle des Mannes hin.[8]

Die Konsequenz daraus

Vielleicht rühmen sich jetzt einige Männer, und es schwillt ihnen die Brust an. Bitte seid nicht so voreilig. Denn die Stellung, die Gott euch innerhalb von Ehe und Familie gegeben hat, bringt Konsequenzen mit sich.

Wer fing im Garten Eden eigentlich mit der Sünde an? Wer nahm als Erstes die verbotene Frucht und aß? Ich höre einen Mann flüstern: „Natürlich die Frau!" Und das stimmt auch: Nicht Adam war der erste Sünder, sondern Eva. Aber als Gott den ersten beiden Menschen nach dem Sündenfall begegnete, rief Er nicht: „Eva, wo bist du?", sondern: *„Adam, wo bist du?" (1. Mose 3,9).* Wen machte Gott also für die ganze Geschichte verantwortlich? Den Mann! Warum? Weil Gott ihn zum Leiter seiner Familie gesetzt hatte. Deshalb war Adam nicht nur für sein eigenes Handeln verantwortlich, sondern auch für das seiner Frau und weitergehend auch für das seiner Kinder.

---

[8] Ähnlich argumentiert Wayne Grudem, wenn er diskutiert, ob es gerechtfertigt ist, das englische Wort „man" nicht nur im Sinne von „Mann", sondern – wie allgemein üblich – auch in der Bedeutung „Mensch" / „Menschheit" zu verwenden. Grudem spricht sich gerade mit Verweis auf 1. Mose 5,2 dafür aus, weil dort „Adam" als Oberbegriff für Mann und Frau verwendet wird. (Wayne Grudem. Systematic Theology. Inter-Varsity Press: Leicester, England, 1994. S. 439f.)

So ist es auch heute noch. Wenn es in einem Ministerium in einer unteren Abteilung zu Unregelmäßigkeiten oder Fehlern kommt, wird in den meisten Fällen der Minister dafür verantwortlich gemacht, und er muss seinen Hut nehmen, auch wenn er von dem Treiben seiner ‚Schreiberlinge' gar nichts wusste. Genau so war das auch beim Sündenfall – Eva sündigte, und Adam musste Rede und Antwort stehen.

Auch das Neue Testament macht keinen Hehl daraus, dass die Menschen nicht wegen Eva, sondern wegen Adam als Sünder gerechnet werden. Der Römerbrief erklärt uns: *„Durch des einen Sündenfall sind die vielen gestorben" (Römer 5,15; Sch)*. Es steht dort nicht „durch den Sündenfall der einen" und auch nicht „durch den Sündenfall der beiden", sondern *„durch den Sündenfall **des einen**"*. Gemeint ist selbstverständlich Adam, wie der erste Korintherbrief auch explizit sagt: *„Denn wie sie in Adam alle sterben"* – aufgrund der Sünde – *„so werden sie in Christus alle lebendig gemacht werden" (1. Korinther 15,22)*. Wir sehen auch hier, dass Adam in seiner Eigenschaft als Leitfigur zur Rechenschaft gezogen wird. Das ist die Konsequenz der Führungsrolle des Mannes.

Wir sehen heute häufig eine Mentalität, aus der heraus auch christliche Ehemänner ihre Hände in Unschuld waschen, wenn ihre Frauen ein liederliches Leben führen. Sie sagen einfach: „Ich kann ja nichts dafür!" – so nach dem Motto Kains: *„Soll ich meines Bruders Hüter sein?" (1. Mose 4,9)*. Und der Ehemann meckert: „Soll ich der Hüter meiner Frau sein?" Ja, nach Gottes Schöpfungsordnung sollst du das! Du bist von Gott dazu berufen, dich um deine Frau zu kümmern – um ihr leibliches, geistliches und emotionales Wohlergehen. Du trägst Verantwortung, dass sie durch dein christliches Vorbild gerne ein Gott wohlgefälliges Leben führt.

Darum stellt der Apostel ein wesentliches Kriterium für leitende Mitarbeiter in der Gemeinde auf. Es kann nur der ein Ältester oder Diakon sein, *„der seinem eigenen Haus gut vorsteht ... Denn wenn jemand seinem eigenen Haus nicht vorzustehen weiß, wie soll er für die Gemeinde Gottes sorgen?" (1. Timotheus 3,4-5)*. Auch hier wird deutlich, dass Glück und

Segen einer Ehe und Familie wesentlich von der Art der Führung des Familienoberhauptes abhängt. Er soll ein Priester Gottes in der Familie sein und alle Kraft daran wenden, die Seinen mit Liebe und Weisheit zu einem göttlichen Leben zu führen. Gott schenke uns mehr diese Art christlicher Männer, die nicht die Untergebenheit ihrer Frauen einfordern, sondern die ihren Vorrang in der Pflicht sehen, als Leitperson vorbildlich in den Tugenden des christlichen Glaubens voranzugehen, damit Frau und Kinder ihnen freudig folgen können!

Dass auch christliche Familien zerrüttet sind, hängt sehr häufig damit zusammen, dass der Mann sich nicht in der Gottseligkeit übt und sich selbst und seine Unarten nicht in den Griff bekommt, dass er sich nicht Gott weiht und Christus nicht sein wirkliches Haupt ist, sondern er sich selber lebt. Und dann mag ihm keiner mehr folgen, auch die Kinder nicht. Da haben wir dann ein Problem. Wir sehen daran, wie wichtig es für die Familie ist, dass der Mann seine Rolle verantwortlich wahrnimmt.

Das Vorbild des Mannes

Wenn wir als Männer nun eine solch schwere Aufgabe durch Gottes Schöpfung zugeordnet bekommen haben, wer kann uns helfen? Wer ist unser Vorbild? Adam hat versagt. Er glaubte, sich aus der Verantwortung stehlen zu können, indem er einfach Eva beschuldigte. *„Das Weib, das du mir zugesellt hast, gab mir von dem Baum, und ich aß"* *(1. Mose 3,12).* Genauso reden viele Männer heute – auch christliche. Sie sagen: „Ich bin ausgerastet, weil meine Frau mich provoziert hat!" Immer und immer hat Eva schuld. Ist das bei dir zu Hause auch so? Das ist das Adamsprinzip: Boss sein wollen, aber keine Verantwortung übernehmen.

Lasst uns besser das richtige Vorbild anschauen. Das ist Jesus! Paulus versteht die Ehe als ein Gleichnis. Sie soll nämlich die herrliche Beziehung, die Christus zu Seiner Gemeinde hat, abbilden. Christus ist der Bräutigam, der Ehemann, und die Gemeinde ist die Braut, die Ehefrau. Diese Erkenntnis überwältigte den Apostel so sehr, dass er von einem großen Geheimnis sprach (Epheser 5,32). Und in diesem Geheimnis zeigt er die

Führungsrolle des Mannes in der Ehe, so wie Christus die Führungsrolle in der Gemeinde hat, und schreibt folgende herausfordernden Worte: *„Ihr Männer, liebt eure Frauen, wie auch Christus die Gemeinde geliebt hat und hat sich selbst für sie dahingegeben, um sie zu heiligen. Er hat sie gereinigt durch das Wasserbad im Wort, damit er sie vor sich stelle als eine Gemeinde, die herrlich sei und keinen Flecken oder Runzel oder etwas dergleichen habe, sondern die heilig und untadelig sei. So sollen auch die Männer ihre Frauen lieben"* (Epheser 5,25-28a).

Worin bestand und besteht die Liebe Christi zu Seiner Braut und Gemeinde? Er hat sich für sie aufgeopfert. Er hat alles in sie investiert, bis hin zu Seinem Blut und Leben. Er hat die Gemeinde nicht beschuldigt, sie wegen ihrer Sünden und Fehler gerichtet und verdammt, sondern Er hat die Schuld Seiner „Frau" auf sich genommen, dafür verantwortlich gezeichnet und sie ans Kreuz getragen. So lebe auch du in deiner Ehe das Evangelium aus, indem du verzeihst, nicht nachträgst und geduldig bist.

Wie die Liebe ist, mit der Christus liebt, wird in 1. Korinther 13 aufgezählt. Hier ein paar Auszüge: *„Die Liebe ist langmütig und freundlich, die Liebe eifert nicht, die Liebe treibt nicht Mutwillen, sie bläht sich nicht auf, sie verhält sich nicht ungehörig, sie sucht nicht das Ihre, sie lässt sich nicht erbittern, sie rechnet das Böse nicht zu, sie freut sich nicht über die Ungerechtigkeit, sie freut sich aber an der Wahrheit, sie erträgt alles, sie glaubt alles, sie hofft alles, sie duldet alles"* (1. Korinther 13,4-7).

Natürlich spricht ein christlicher Ehemann mit seiner Frau auch über ihre Sünden, denn er kann sich nicht über Ungerechtigkeit freuen. Er hört aber auch gerne zu, wenn die Frau mit ihm über seine Unarten spricht. Er stellt sich selbst unter Christus, sein Haupt, und bemüht sich, Ihm in seinem Wesen immer ähnlicher zu werden. Und dann setzt er alles daran, seine geliebte Frau und seine Kinder durch sein Vorbild in ein geheiligtes Leben nachzuziehen.

Denken wir doch auch daran, wie viel Zeit und Kraft Jesus investiert, um an Seiner Gemeinde zu arbeiten. Er hat sich selbst für sie dahingegeben, um sie zu heiligen, um sie herrlich zu machen, ohne Flecken und Runzel, dass sie heilig und untadelig sei. Und so wie Jesus mit Liebe und Geduld an Seiner Gemeinde arbeitet, darfst auch du als Familienoberhaupt dir Zeit nehmen, mit deiner Frau die Bibel zu lesen, mit ihr zu beten und offene, ehrliche Gespräche mit ihr zu führen.

Das bedeutet auch, dass ein christlicher Ehemann sich nicht gehen lässt. Er verschwendet nicht seine Zeit, sondern er erkennt seine Verantwortung. Er ist ein Beter und lebt selber vor dem Angesicht des Herrn. Gott wird uns Männer einmal rufen und sagen: Adam, wo bist du? Was hast du mit deiner Familie gemacht? Hast du dich ihr hingegeben, zusammen mit deiner Frau die Kinder erzogen, ihnen das Evangelium erklärt und es ihnen vorgelebt?

O, Männer, lasst das Herrengehabe in eurer Familie fahren und seid vielmehr ein Oberhaupt, wie Christus es ist. Er hat von sich gesagt: *„Der Menschensohn ist nicht gekommen, dass er sich dienen lasse, sondern dass er diene und gebe sein Leben zu einer Erlösung für viele" (Matthäus 20,28).* Christus sah Seinen Vorrang als Haupt der Gemeinde nicht darin, dass Er herrschte, sondern dass Er diente. Die Geschichte der Fußwaschung (Johannes 13) ist ein starker Ausdruck der inneren Haltung, die Jesus als das Haupt uns zeigt. Und an einer anderen Stelle ermahnt uns der Heiland: *„Wer unter euch groß sein will, der sei euer Diener" (Matthäus 20,26).*

Ihr lieben Frauen, gefallen euch diese Worte? Seid ihr froh, dass dem Mann mal eine richtige Lektion erteilt wurde? Aber bitte überhebt euch nicht, sondern anerkennt seine schwere Aufgabe und seid ihm die biblische Gehilfin, sodass er durch Gottes Gnade leisten kann, wozu er berufen ist. Beugt beide miteinander eure Knie, bittet beide um Vergebung. Und dann achte einer den anderen höher als sich selbst, und zwar in der Aufgabe, die jedem von Gott bestimmt ist. Ein herrlicher Segen wird dann in alle unsere Familien fließen. Gott schenke uns das. Amen!

Buchempfehlungen

Wolfgang Wegert. arche-medien, Hamburg

Fundamente des Glaubens. 2009[10]. Pb. 96 S. € 4,90

In diesem Buch geht es um die Grundfragen des Glaubens: Warum ist der Mensch verloren? Wie kann er wieder zu Gott zurückfinden? Was heißt „Wiedergeburt", was verstehen wir unter „Bekehrung"? Aber auch Fragen zum Wirken des Heiligen Geistes, zur Bewahrung der Gläubigen bis hin zum Thema Tod werden angesprochen.

Das Evangelium kennen und genießen.
2008[4]. Pb. 312 S. € 13,90

Nicht selten fragen Christen, was los ist in unseren Gemeinden. Sie spüren, dass in der Verkündigung etwas nicht stimmt, aber man weiß nicht genau, was. Denn heimlich hat sich die christliche Verkündigung so sehr dem humanistischen Zeitgeist angepasst, dass zwar noch Bibelstellen verwendet werden, aber so einseitig, dass das Evangelium verzerrt und oft sogar auf den Kopf gestellt wird.

Da das auf die Gesundheit des Glaubens verheerende Auswirkungen hat, möchte dieses Buch dringend dazu beitragen, ganz neu die fundamentalen Wahrheiten zu entdecken, auf denen das Evangelium aufbaut. Pastor Wegert geht dabei natürlich bei der Bibel in die Schule und auch bei den Reformatoren und Erweckungspredigern, die sich von ihr lehren ließen, wie z.B. M. Luther und J. Calvin, J. Edwards, C. H. Spurgeon und M. Lloyd-Jones.

Das Gesetz der Freiheit. 2008⁵. Pb. 160 S. € 7,40

Wolfgang Wegert entfaltet in diesem Buch die Eckdaten christlicher Ethik anhand der Zehn Gebote. Durch die Gebote Gottes erkennen wir zwar einerseits unsere völlige Unfähigkeit, Gottes Gesetz zu erfüllen – es treibt uns so zu Jesus und Seiner Gnade. Unter der richtigen Voraussetzung aber werden die Gebote Gottes andererseits zu einer überaus segensreichen Leitlinie für unser ganzes Leben. Wir entdecken in ihnen die Weisheit des Schöpfers dieser Welt und sind fasziniert von der Freiheit, die Gottes Gesetz letztlich überhaupt erst möglich macht.

Mir wird nichts mangeln. 2008⁶, Pb. 72 S. € 3,90

In Jesus Christus kann der Gläubige wirklich zur Ruhe kommen, denn Er ist der gute Hirte, der die Seinen mit aller geistlichen Nahrung versorgt. So ist der nur wenige Verse lange Psalm 23 zugleich eine Kurzfassung des gesamten Evangeliums – von der Einladung zum Glauben angefangen über das Leben der Gläubigen mit allen Höhen und Tiefen bis zur Vollendung in der Ewigkeit.

Liebe, die nicht scheitert. 2009⁴, Pb. 80 S. € 4,40

Wie ist die Liebe Gottes eigentlich? Sie ist nicht so, wie Menschen sie sich denken. Für viele ist das Wort „Gott ist Liebe" nur ein Klischee, nur ein Alibi für Gottlosigkeit. Sie wünschen sich eine Liebe ohne Wahrheit, Gerechtigkeit und Gericht. Aber Gottes Liebe ist anders. Sie ist tiefer, reiner und heiliger. Weil es hier große Verwirrung gibt, müssen wir dringend zur Bibel greifen und lernen, wie die Liebe Gottes wirklich ist.

Ein kostbarer Glaube. 2008³, Pb. 200 S. € 8,90

Biblischer Glaube ist für Petrus nicht billige Massenware, sondern eine teure Rarität, eben ein „kostbarer Glaube" (2. Petrus 1,1). In seinen beiden Briefen macht der Apostel deutlich, warum lebendiger Glaube einen so unschätzbaren Wert hat.

Petrus geht in seinen beiden Briefen in kurzer und prägnanter Form auf nahezu alle Facetten des biblischen Glaubens ein – sowohl der Lehre als auch besonders der Praxis. Das vorliegende Buch, das auf eine Predigtreihe des Autors über die beiden Petrusbriefe zurückgeht, kann so auch dem heutigen Leser helfen, die Kraft des von Gott geschenkten Glaubens ganz praktisch zu erfahren – in Zeiten der Freude und des Wohlergehens, aber besonders auch in Zeiten von Leid und Not, bei Verführung und Bedrohung durch falsche Lehren.

Damit sie eins sind. 2007, Pb. 96 S. € 4,90

Vielen Christen gefällt das „hohepriesterliche Gebet Jesu" in Johannes 17 deshalb besonders gut, weil es auch von der Einheit der Christen handelt, die uns ja allen sehr am Herzen liegt. Aber was heißt das? Sollen wir die Einheit menschlicher Institutionen organisieren? Sollen wir Kompromisse schließen, den kleinsten gemeinsamen Nenner suchen? Spricht Jesus dagegen nicht vielmehr von einer geistlichen Einheit, die sein himmlischer Vater bereits gewirkt hat und die letztlich vom Geist Gottes garantiert wird? Das Gebet Jesu gipfelt in dem Gebet um Einheit. Aber auf dem Weg dahin gibt es noch eine Fülle anderer Themen, die ganz neu beleuchtet werden sollen und somit zu starkem geistlichen Gewinn werden.

Alles ist Dein. 2008³, Pb. 120 S. € 6,90

Alles, wonach gläubige Christen sich in Wahrheit sehnen, ist ihnen durch Jesus Christus bereits geschenkt. Deshalb gibt es auch absolut keinen Grund mehr für Verzagtheit, Resignation, Verzweiflung und Depression.

Und auch alle eigene Anstrengung, Arbeit und Mühe, um ein Gott wohlgefälliges Leben zu führen, ist völlig umsonst.

Durch dieses Buch will Wolfgang Wegert Ihnen die Augen öffnen für das Geschenk eines befreiten und erfüllten Lebens in Christus. Lassen Sie sich nach der Lektüre dieses Buches nie wieder die neue Perspektive rauben!

Die Dreieinigkeit Gottes. 2006², Pb. 64 S. € 3,80

In dieser kurzen Studie wird mit den zentralen biblischen Texte diese wichtige theologische Lehre begründet, gleichzeitig aber auch ihr Segen für das alltägliche Leben des Christen thematisiert.

Glaubensbekenntnis der Arche. 2009, 32 S. € 2,50

Wozu dient ein spezielles Glaubensbekenntnis? Ist es nicht ausreichend, die Bibel als verbindlich anzuerkennen? Pastor Wegert schreibt dazu in seinem Vorwort:

„Selbstverständlich kann sich unser Glaube nur auf die Heilige Schrift gründen. Aber gerade sie ermahnt uns, dass jeder Christ zur Gesundheit seines Glaubens und zum Zeugnis vor der Welt ein klares Verständnis von der Lehre der Schrift braucht. Angesichts einer christlich religiösen Beliebigkeit erscheint es uns deshalb von großer Wichtigkeit, in einigen kurzen Artikeln das komprimiert aufzulisten, was die Bibel als Pfeiler und Grundfeste der Wahrheit bezeichnet (2. Timotheus 1,13)." So möchten wir allen Lesern Rechenschaft von unserem Glauben ablegen, ihnen deutlich machen, wo unser Herz schlägt, sie aber zugleich einladen, selbst die Bibel intensiv zu studieren und sich vielleicht auch mit Themen zu beschäftigen, die sie aus dem Auge verloren haben oder die für sie ganz neu sind. Dazu bieten nicht zuletzt die Verweise auf viele biblische Texte reichhaltig Möglichkeit.

Dave Harvey. Wenn Sünder sich das Ja-Wort geben. 2009, 200 S. € 10,90

Dave Harvey laboriert nicht an den äußeren Symptomen Problem beladener Ehen herum, sondern kommt auf die wahre Ursache aller Beziehungsnöte zu sprechen – nämlich unser abgründiges Herz. Sein Buch zeigt aber nicht nur das, sondern der Leser erfährt mit großer Überraschung, wie das fast vergessene Evangelium auch heute noch die einzigartige Kraft besitzt, menschliche Herzen so nachhaltig zu verändern, dass zwei Sünder schließlich doch glücklich miteinander leben können. Wenn „Sünder sich das Ja-Wort geben" ist deshalb zugleich auch ein leidenschaftliches Plädoyer für die Botschaft vom Kreuz. Nicht zuletzt aus diesen Gründen verbindet mich, Wolfgang Wegert, mit Dave Harvey eine besondere Freundschaft.

C.J. Mahaney. Souveräne Gnade und das herrliche Geheimnis der Erwählung. 2009, 22 S. € 2,50

Was denkst du über dein Bekehrungserlebnis? Was sticht am meisten hervor: Gottes Initiative und Sein Eingreifen oder deine Buße und dein Glaube? Wenn wir die Rolle von Gottes souveräner Gnade in der Erwählung deutlich und andauernd erkennen, dann erfreuen wir uns an den wunderbar lebensverändernden Wohltaten, die allein das Evangelium geben kann.